ハンドメイドで楽しい毎日！

わるのり
てづくり

前川さなえ

二見書房

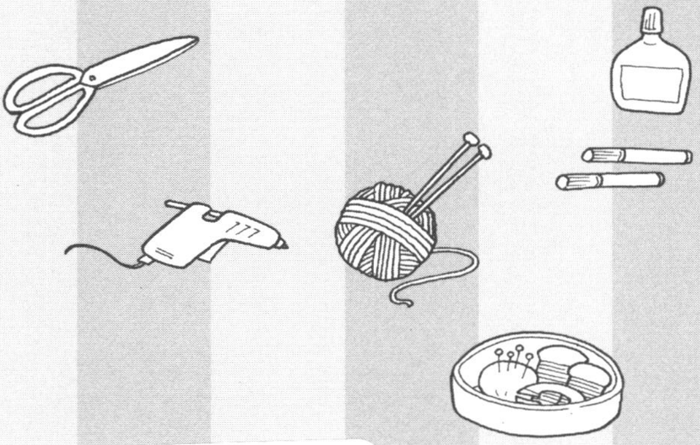

前川家の

てづくりデイズ

こんなん作って暮らしてます

なあに いっくん
このおかし 食べていい？
POTATO
長男・いっくん
いいよ おかあさんも ちょっと 食べたい
うん
そんで空き箱 もらっていい？
空き箱？
なにに使うの？
この形が 腕をミサイルにするのに ちょうどいいと思って
こーして
ミサイル…
腕を…

今ね 戦闘服
作ってるんだ
ゴソゴソ
どんなの？
見せてー
ホラ
よれよれ
ガサガサ
ガサガサ
うわーー
チラシの紙で
ダメかな？
ダメじゃ
ないけどさぁ
くしゃくしゃ
どうせ作るならベースを
もっとしっかりさせないと
これ！
この段ボール
使いなさい!!
あと色画用紙も
あげるから－！
どん
そっかー
ママーー
ほんよみのしゅくだい
きいてプリントに
「おうちのひとから」の
はんこおしてちょうだい
長女・はるちゃん

いくよー「くじらぐも」
あ〜習ったなぁ なつかしいねぇ
「『ここへおいでよう』みんながさそうと」
カッッ
もっと感情込めて子役みたいに読んで
おしまーい「よみました」のはんこおして
昨日はうさぎのはんこだったねー
こえにだしてよみましょう
おうちのひとから
だいめい
くじらぐも
きょうはパンダのはんこがいい
え〜パンダ…あったかなぁ
ガチャ ガチャ
パンダない しょうがないな…

新しく彫ろう
パンダのはんこ
たまのりしてる
パンダにして
え―――
おかあさん
見て
ガシーーン
お―――
かっこいい
じゃん
戦闘服ってかロボットになってるけど
おとうさん
ん？
くしゃ
くしゃ
なにこれゴミ？
ゴミじゃないよ！
これから使うの!!
ミサイルの砲弾だった
そうです私
ハンドメイド大好きママ
なんです
できた！

ちなみに
おとうさんも
DIY好き
ぎゅーん
テレビ台作ってる →
私が小物担当なら
おとうさんは大物担当
これは私にはできん
接着剤は2液性のがいいらしいんだけど
エポキシなら持ってるよ
樹脂に穴あけるのに目打ちじゃ割れるかな
キュイィィン
インパクトドライバーのドリルでできるよ
シリコン絞りたいんだけどコーキングガンなんてうちにはまさか
あるよ
おとうさんはいろいろなんでも持ってて助かる
すぐ出てくる →
おとうさんが持ってないものは実家に聞けばだいたいある
3ミリ幅くらいの細いリボンある？
あるよー

そんな「ハンドメイド好き」には
恵まれた環境であるので
子どもたちも小さいときから
画材や工具はふんだんに
与えられており
120色セットの
色えんぴつでおえかき
本物のくぎとトンカチで
大工ごっこ
我が家では
コレほしいなー
という
ものがあったら
じゃあ
作ろっか
アレと
アレがあったら
再現できそう…
となります
私も もともと
ものづくりが好き
だったのが
結婚して
子どもができて
妊娠中に
赤ちゃんくつ下を編む
ベタな私
ちま
ちま
出産したらますます
子どものために
いろんなもの
作りたくなって
くまさんの
にぎにぎ
ファーストシューズ

ですから私の原動力は「子どもによろこんでもらいたい」というのが大前提であり
子どもの笑顔のためにやってるはず……なんですが
落語に「初天神」という演目があります
凧揚げってのは最初が肝心だ
おとっつぁん手本見せてやる
ホーラあがったあがったぁ
おとっつぁん代わっておくれよ——
あははは
こんなことならおとっつぁんなんかつれてくるんじゃなかった
——と子どもそっちのけで親が夢中になってしまい子に呆れられるというお話ですが——

コロ コロ コロ
私も
自分のほうが
楽しみすぎて
子どもをおいてけぼりに
しちゃうこともしばしば…
ねぇ
かわってよぉ
まって
ここは
やらせて
はるちゃんも
やーりーたーいーー
パチンコ玉 ころがして遊ぶおもちゃ
でも自分が
おもしろがってやんないと
子どもにも伝わらないし
いいわけ
↓
最近は子どもたちも
自分で工夫して創作
するように
なってきました
ゴム動力に
してみた!
きゃん
ポコ
そんな
私たち家族の毎日を
作ったものとともに
ご紹介したいと思います
グルーガン

作る 作れば 作るとき

～まえがきにかえて～

しょっちゅうなにかを作っています。しかも生活にとくに必要のないものばかり。それらをＳＮＳに投稿するようになったのは数年前からのことだけど、ぜんぜん知らないどこかの誰かから感想をもらったりするのは、ネット初心者だった当時の私には新鮮な感覚でした。

今は大人だから分別がついているつもりだけど、自分が中学生のころとかにTwitterとか普及してなくてよかったと思います。

「なんとなくだけど、空が、青くて、ちょっとＣｒｙ」

とか意味もなく読点や英単語を多用したポエムや、堕天使が包帯だらけになってるイラストとかを投稿しまくって、あとから読んで死にたくなったりしてそうな気がする……。

Facebookでつながりのあったライターであり編集者の佐野さんに「前川さんのてづくりワークをまとめた本を出しませんか?」と連絡をいただいたときは、「わーい、やりましょう」と二つ返事で応じたものの、正直まだその段階では自分の作ったものが書籍として出版されるイメージは全然できていませんでした。
私がブログなどに載せている「作品（という言い方も私はくすぐったいのですが）」を佐野さんがピックアップしてリスト化してくださったものを見たら、我ながら「よくまあこんなくだらないものばっかり作ったもんだなぁ」とおかしくなりました。でもひとつひとつ、子どもに見せたときの笑顔、ネットにアップしたときの反応は覚えています。
その手ごたえが楽しみで、今日もなにか作っています。

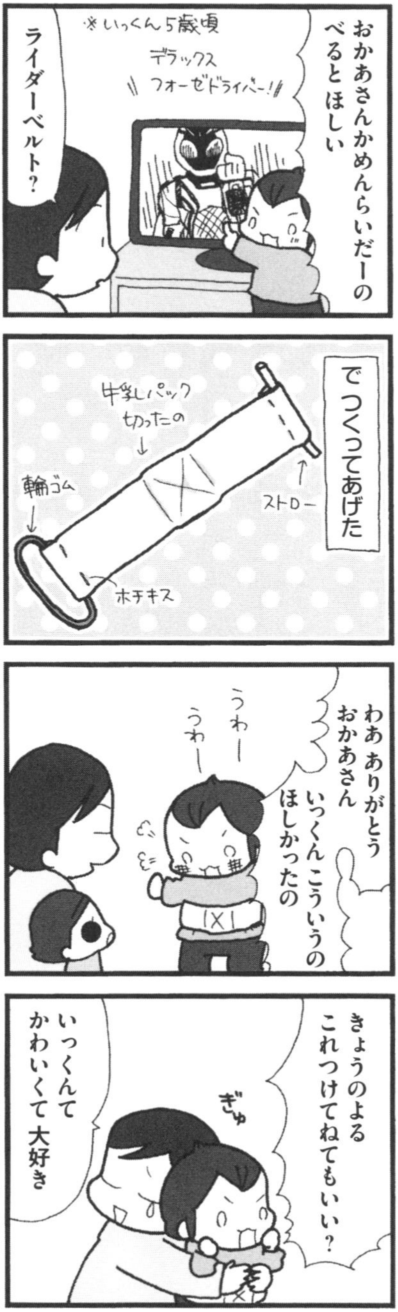

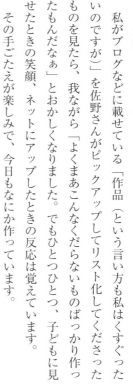

CONTENTS

漫画 前川家のてづくりデイズ ～こんなん作って暮らしてます～ …… 3
作る 作れば 作るとき ～まえがきにかえて～ …… 12

PART 1

羊毛フェルトアクセサリー …… 18
ミニチュアフードアクセサリー …… 22
プラバンでいろいろアクセサリー …… 26
おかあさんが作った妖キャラ・ウォッチ …… 30
てづくりおもちゃ 1 …… 34
てづくりおもちゃ 2 …… 38
お気に入り衣類 …… 42
ゆかいな日用品 …… 46
漫画 わたしのルーツ ～こんな生い立ちでてづくり好きになりました～ …… 50
前川家の歳時記 春 …… 63
前川家の歳時記 夏 …… 67
どうも、前川家のおとうさんです …… 72

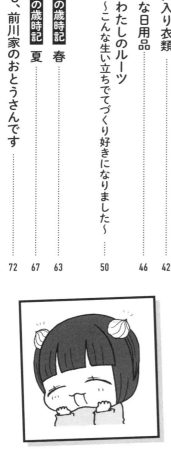

ちょっとしたロングインタビュー
子どもたちよ かあさん、毎日真面目にふざけてます …… 73

PART 2
前川家の食卓 ～ふだん編～ …… 82
前川家の食卓 ～ハレの日編～ …… 86
キャラ弁BESTセレクション …… 90
魔が差した料理 …… 94
子どもたちといっしょに作ろう1 …… 98
子どもたちといっしょに作ろう2 …… 102
わが家はコスプレ好き …… 106
おかあさんのゾンビメイク・クロニクル …… 110
前川家の歳時記 秋 …… 113
前川家の歳時記 冬 …… 117
巻末ふろく いっくん・はるちゃん 二人展 …… 121
あとがき …… 125

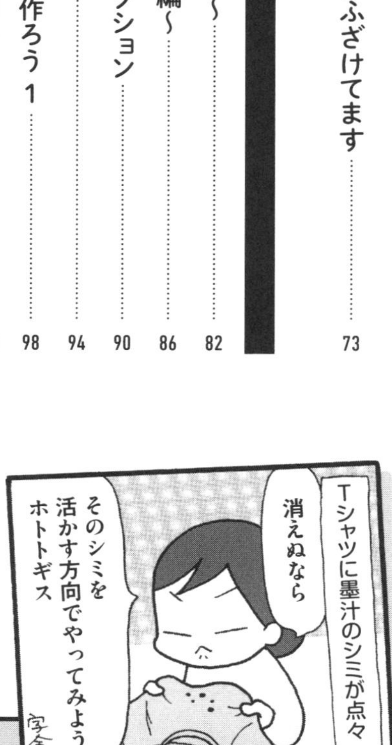

企画・編集　佐野華英（タンブリング・ダイス）

撮影　林 成光
前川さなえ
前川正樹

ブックデザイン　ヤマシタツトム＋ヤマシタデザインルーム

Part 1

羊毛フェルトアクセサリー
ミニチュアフードアクセサリー
プラバンでいろいろアクセサリー
おかあさんが作った妖《あやかし》キャラ・ウォッチ
てづくりおもちゃ 1
てづくりおもちゃ 2
お気に入り衣類
ゆかいな日用品

とにかく「刺すべし刺すべし!」
羊毛フェルトアクセサリー

羊毛を丸めてニードルで刺し続け、
指でなでて形を整えていくだけ。
しかし、かなり時間を要すので気合が必要です。
最近では材料一式が入ったキットが
100均で売られていて便利ですね。

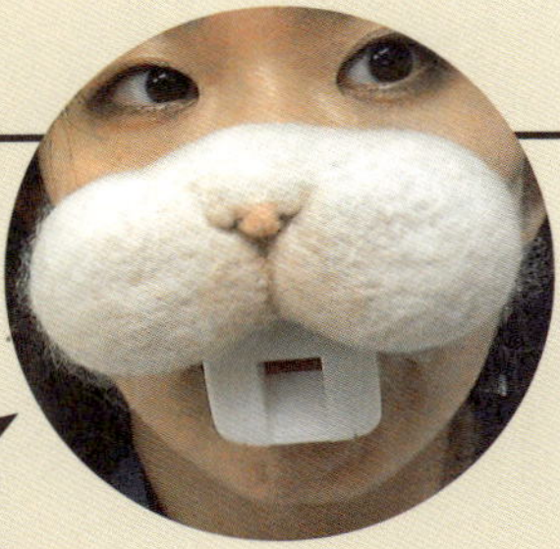

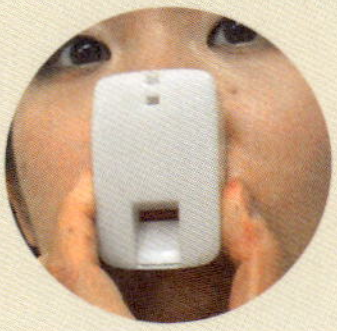

某スマホアプリの実写版(?)

鼻笛カバー

鼻笛が趣味でして。プラスチック製の鼻笛がちょうど歯みたいなので、うさぎっぽいカバーを作ってみました

キットの見本は参考にしない

治療中犬バッジ

100均の「羊毛フェルトアニマルキット(ネコ)」の材料だけで作りました(なんで!)。予備の目玉パーツは鼻に使用

エリザベスカラーを着けられ不機嫌顔

治療中猫バッジ

バッジの座りをよくするために、ためしにエリザベスカラーをつけてみたらぴったり。たぶん去勢手術のあとですね

着けるだけで森ガール気分

頭にとまる雀

羊毛フェルトではじめて作った作品。カチューシャ部分を髪の毛で覆うようにするとさらに「とまってる感」UP

怪獣のなかで いちばん好き

巨大変身ヒーロー番組の二次元怪獣Aのほう

シリーズ「初心者が作る羊毛フェルト」。カヴァドンAのように子どもが描いた絵から生まれた怪獣は朴訥なフォルムです

肩にとめればハイジ気分

青い鳥

はるちゃんのハイジコスプレの小道具として作成。下の部分に安全ピンをつけて肩にとまるように

「なぜよりによってそれ!?」というモチーフをついつい選んでしまいます

KAWAiiカルチャーに風穴

干し首

羊毛のふわふわした質感により、干し首もこんなにポップに。キーチャームやストラップにもおすすめです

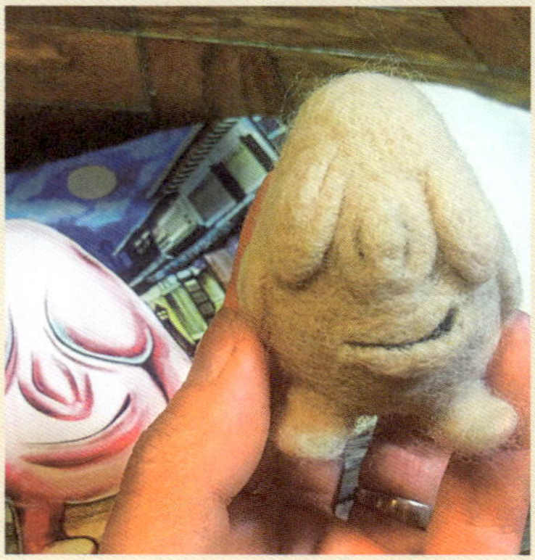

ぬらぬら感がポイント

ぬっぺふほふ

初心者のとき、なにか単色のモチーフをと思い「そうだ! 妖怪ぬっぺふほふだ!」となりました

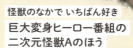

羊毛フェルトアクセサリー

必要なものがセットになった
便利な100均のキット。
これがこうなってこうじゃ。

羊毛フェルト、ニードル、目玉パーツ他が入ったキット

材料

羊毛フェルト、目玉パーツ、フェルト布、安全ピン、厚紙、クリアファイル、マスキングテープ

道具

羊毛フェルト用ニードル（おおまかな形になるまでは太め、仕上げは細めと使い分けるとよい）、目打ち、ボンド、ペンチ、ハサミ

犬バッジ

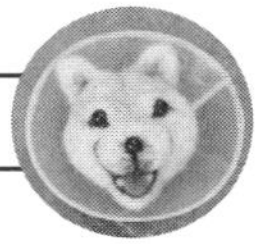

1

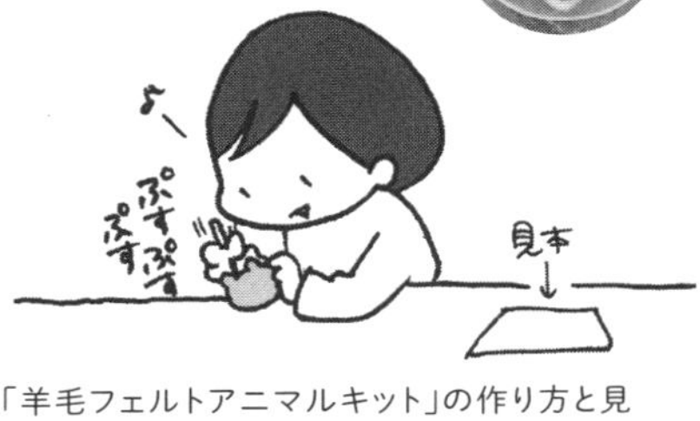

「羊毛フェルトアニマルキット」の作り方と見本はいっさい参考にせず、自分の理想の犬を思い浮かべながら羊毛を刺し固めて形作る

2

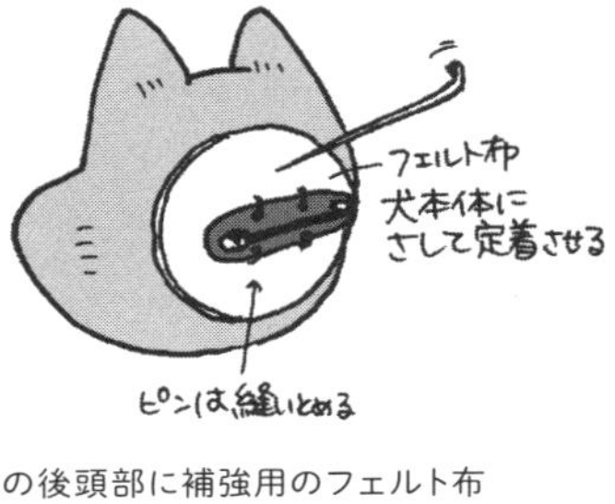

犬の後頭部に補強用のフェルト布と安全ピンをつけてバッジにする

頭にとまる雀

茶色・白・灰色・黒のバランスで表情にバリエーションが。雀は実物大でもいいが、頭に乗せると重い

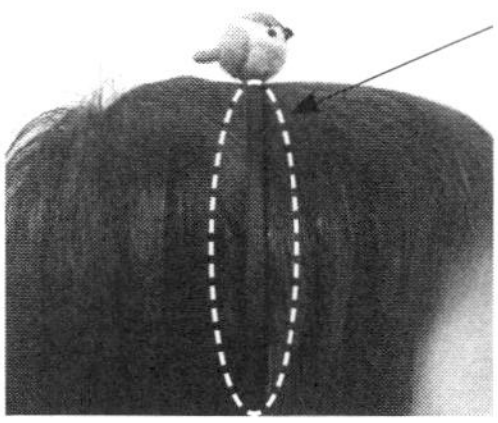

カチューシャは髪の色に合わせて黒くすると目立たない

青い鳥

ボディの底面に、犬バッジの要領で安全ピンを縫いつけて肩にとまらせられるようにする

目は小さいほうがピッチーらしい

ぬっぺふほふ

妖怪の質感に近づけるためニードルで刺しまくって羊毛の毛羽立ちをなくす。自立させるため途中で何度か立たせてみて重心のバランスを調整する

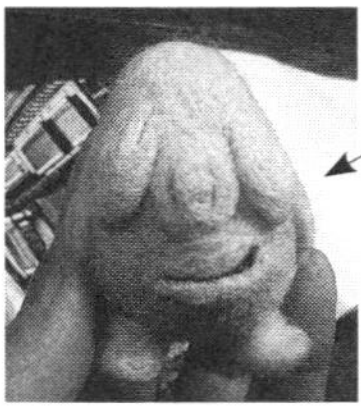

ぬらぬらさが出るように

猫バッジ

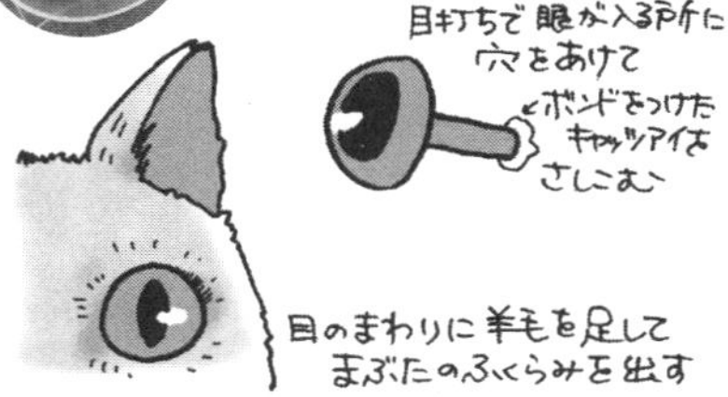
目打ちで眼が入る所に穴をあけて
ボンドをつけたキャッツアイをさしこむ
目のまわりに羊毛を足してまぶたのふくらみを出す

犬バッジと同じくキットの作り方は完全に無視して、自分の理想の猫を思い浮かべながら羊毛を刺し固めて形作る。目は手芸パーツのキャッツアイを使用する

エリザベスカラー

1

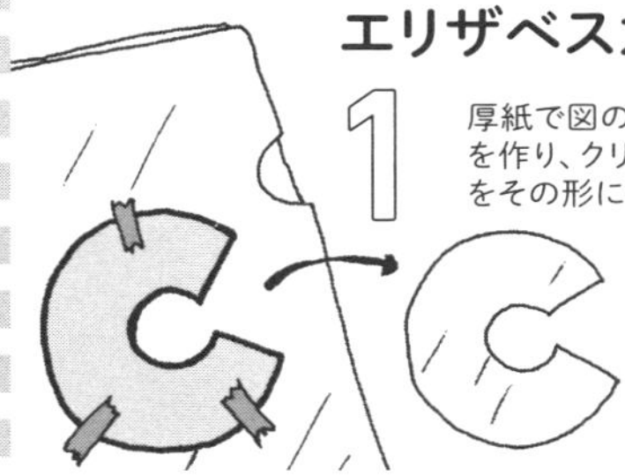

厚紙で図のような型紙を作り、クリアファイルをその形に切り取る

2

エリザベスカラーの形に丸めて端と端を接着剤でとめる

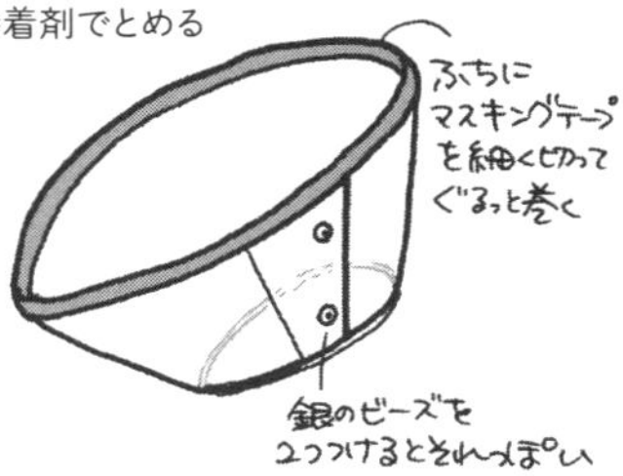
ふちにマスキングテープを細く切ってぐるっと巻く
銀のビーズを2つつけるとそれっぽい

干し首

目と口はバッテンに縫いとめるとそれっぽい(なにが「それっぽい」んだか)

髪の毛は引きちぎった羊毛の端だけ刺しつけて流しザンバラ感を出す

巨大変身ヒーロー番組の二次元怪獣Aのほう

ブルーとピンクのグラデーションは、色違いの羊毛を少しずつ足しながら刺してなじませる

目の部分はボディより強めに刺して質感を変える

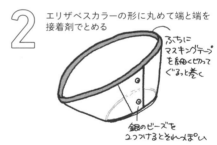

食べものへの情熱があふれすぎて…

ミニチュアフード アクセサリー

子どものころから細かい作業と
食べることが大好きで、こんなことになりました。
バザーに出品すると「わーっ！」と
手に取ってはもらえるのですが、
「着けて歩くのはちょっと…」という理由で
思いのほか売れません。

樹脂粘土で作る

菓子パンのマグネット

シロップのかかったデニッシュはニスで塗って照り感を出しました

シルバニアファミリーと並べるとサイズ感がおかしい

園芸用ワイヤーで作る

ミニミニかご入りバゲット

ワイヤーをちまちま編むのが楽しい。ほかのパン作品より小さいので、いくつか試作してから作るとよいです

プラバンと樹脂粘土で

いろいろストラップ&アクセ

好きなものをぜんぶミニチュアにしてみました。生卵を耳に着ける勇気は…ないですか…そうですか

かぶりつかれ注意

アイスクリームのピアス

透明のノンホールピアスのパーツをつければお子さんも着用可です

行列店もびっくり

パンケーキのハットヘアピン

パンケーキを重ねた図がハットみたいだったので、お皿をつばに見立てて帽子アクセっぽくしてみました

ビジューがワンポイント

アイスクリームのヘアピン

「アイスクリームはコーンじゃなくてカップ派！」という方にはこちらを

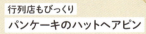

プラバンで作る

ねじり蒟蒻ストラップ

プラバンの透明感が蒟蒻のルックスを表現するのに最適。これはまだ煮込む前の色ですね

餡がぎっしり

食べかけの肉まんピアス

食べかけの肉まん、壊れかけのRadio……「途中」のものって、儚くて趣がありますよね

日本人のソウルフード

納豆ごはんピアス

セメダインで納豆のネバネバ感を演出。ねぎの質感は何度か改良を重ねてこの形にたどり着きました

アイドルソングの世界観

レモンティーをどうぞピアス

80年代のアイドルの曲の歌詞に頻出するアイテム、角砂糖とレモンがセットになったピアスです

大好きなものだから
いつでも身に着けて
歩きたい！

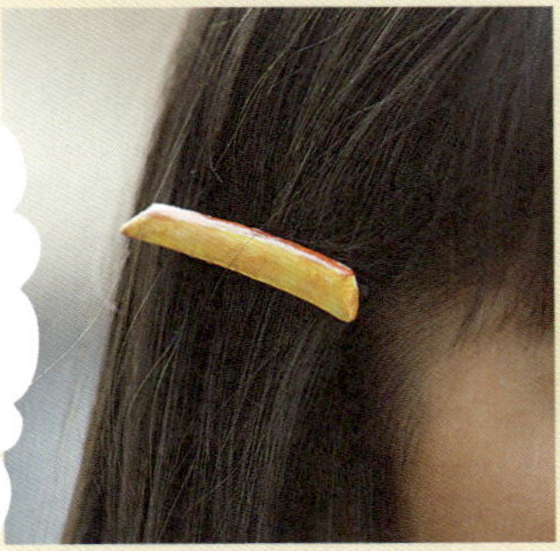

『芋けんぴは恋を呼ぶ』の名場面を実写化

芋けんピン

少女漫画好きなら、好きな男の子に「芋けんぴ、髪に付いてたよ(カリ)」と言ってもらうの、憧れますよね?

テンション上がるお菓子

あのパイのチャーム

身に着ければご機嫌。おやつに源氏パイが出てくると妙にうれしかった子どものころの気持ちがよみがえります

ミニチュアフード
アクセサリー

樹脂粘土とプラバンで
だいたいのものが作れます。
ひとつの作り方を覚えると、
いろいろ応用できて楽しい。

主な材料

樹脂粘土（ハードタイプとソフトタイプあり）、軽量粘土、おゆまる（型取りにも使える透明タイプの樹脂粘土）、プラバン（※以上、いずれも100均で購入可能です）、透明粘土、UVレジン液、シリコン樹脂、アクリル絵の具、パステル、木工用ボンド、各アクセサリーパーツ

道具

グルーガン、カッター、歯ブラシ、絵筆、爪楊枝

納豆ごはんピアス

1

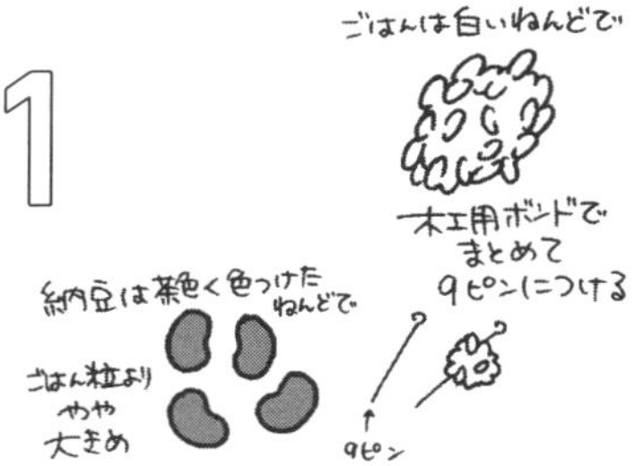
ごはんは白いねんどで
木工用ボンドで
まとめて
9ピンにつける
納豆は茶色く色つけたねんどで
ごはん粒より
やや
大きめ
9ピン

粘土を丸めたりひねったりしてごはん粒と納豆を作る。刻みねぎは緑のストローをカットするか、さらにリアリティを求めるなら、ソフトタイプの樹脂粘土を太いワイヤーに巻きつけ外側を緑に塗り、ワイヤーから抜いてカットする

2

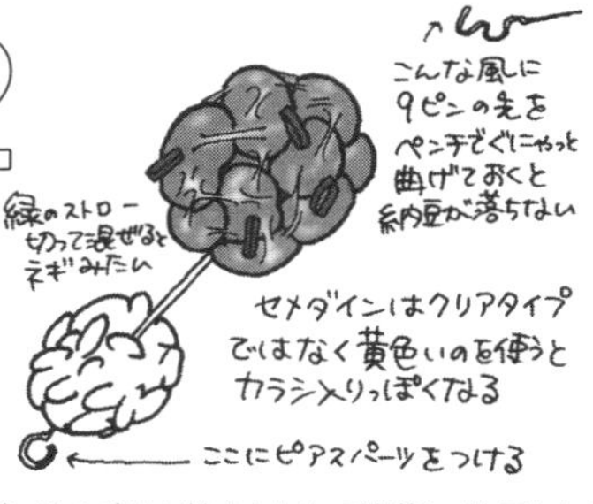
こんな風に
9ピンの先を
ペンチでぐにゃっと
曲げておくと
納豆が落ちない
緑のストロー
切って混ぜると
ネギみたい
セメダインはクリアタイプ
ではなく黄色いのを使うと
カラシ入りっぽくなる
ここにピアスパーツをつける

木工用ボンドでごはん粒をまとめて接着し、納豆とねぎにセメダインを垂らしてこねくり回し糸をひかせる。ごはんと納豆に9ピンを通してつなぎ、ピアスパーツをつける

生卵ピアス&ストラップ

粘土を殻っぽく整形

黄色く着色した粘土で黄身を作る。クリアファイルの上にUVレジン液を垂らし、黄身を乗せ、上からまたUVレジン液をかける。太陽光かUVライトにあてて硬化させる

ミニミニかご入りバゲット

1

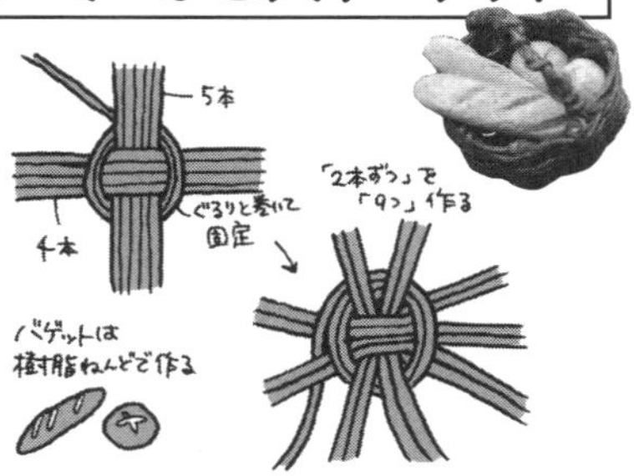
5本
4本
ぐるりと巻いて
固定
「2本ずつ」で
「9つ」作る
バゲットは
樹脂ねんどで作る

バゲットは、薄茶色に着色した粘土を整形してカッターで切れ目を入れボサボサの歯ブラシで質感をつける。さらに歯ブラシで白いアクリル絵の具を叩きつけて、ふるい粉を演出する。カゴは、園芸用のワイヤー（茶色）で編む

2

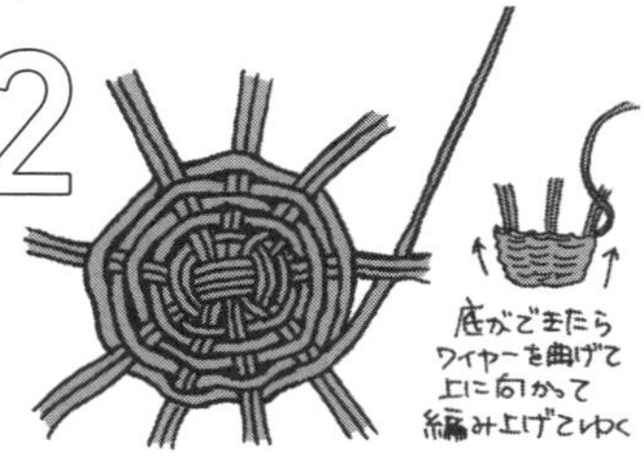
底ができたら
ワイヤーを曲げて
上に向かって
編み上げてゆく

上・下・上・下と交互にワイヤーを通して編み進めていく。できあがったかごにバゲットをグルーガンで接着する

クリーム入りココアクッキーストラップ

「おゆまる」で本物のオレオを型取りし、焦げ茶に着色した樹脂粘土を詰めてクッキー部分を作る。クリーム部分に見立てたシリコン樹脂を挟む

本物で型取りするので
リアルな質感が実現

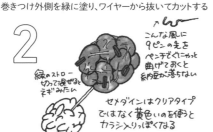

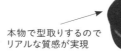

アイスクリームのピアス&ヘアピン

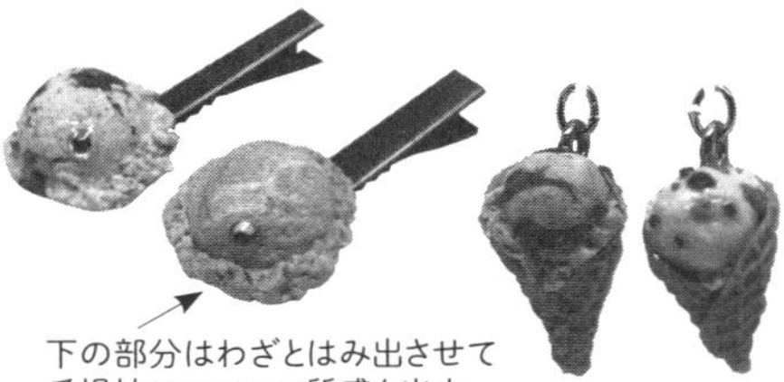

下の部分はわざとはみ出させて
爪楊枝でつついて質感を出す

「おゆまる」をザルに押しつけコーンの型を作り、茶色く着色した粘土を詰めてコーンを作る。アイスクリームは、ソフトタイプの樹脂粘土をひっぱりながら捏ね、ぼそぼそ感を出す。シルバニアファミリーの中華鍋などをディッシャー代わりにして粘土をアイスの形にとる

食べかけの肉まんピアス

まずはかじっていない肉まんを粘土で作る。中身は入ってなくて大丈夫。一部をちぎって、そこに茶色く着色した粘土を乗せて中身の具が出ているように見せる

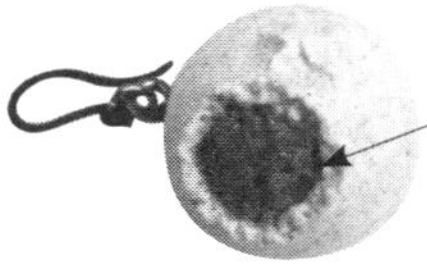

具に刻んだ輪ゴムを
混ぜ込んでおくとそ
れっぽくなる

芋けんピン

粘土を平べったく伸ばして適当に細長く切るとそれだけで芋けんぴの原型っぽくなる。全体を黄色に塗り、一面だけ赤茶色で塗って皮部分にする。木工用ボンドでコーティングしてツヤを出し飴がけを表現

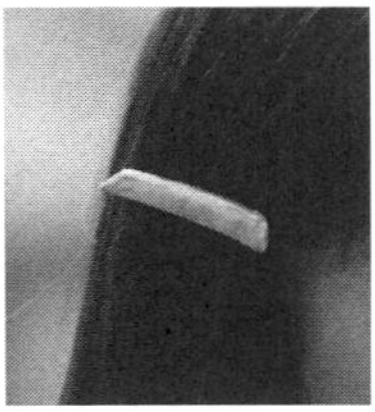

あのパイのチャーム

黄土色に着色して細長く伸ばした粘土の表面にカッターの刃で筋をつけ、ハート型に形作る。茶色のパステルで表面に焼色をつける

外側に白のカラーサンドを
まぶしつけて砂糖を表現

菓子パンのマグネット

薄茶色に着色した粘土をそれぞれのパンの形に整形し、カッターで筋をつけデニッシュ生地の質感を出す。茶色のパステルで表面に焼色をつける。黄色に着色した粘土で杏や桜桃のトッピングを作りボンドで接着し、底面にマグネットを接着する

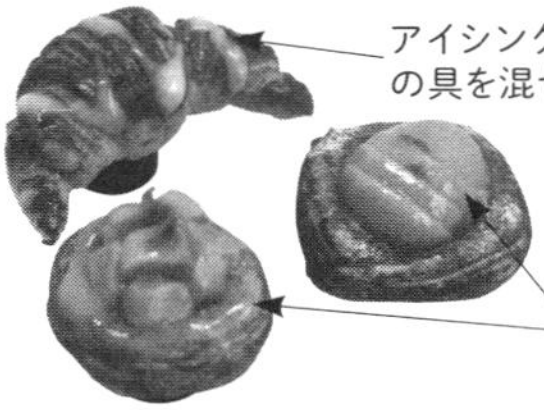

アイシングシュガーは白い絵
の具を混ぜた木工用ボンドで

仕上げにニスを
たっぷり塗るとシ
ロップ感が出る

パンケーキのハットヘアピン

ペットボトルキャップに粘土をかぶせてパンケーキを作る。上部を茶色のアクリル絵の具で塗る。3枚重ねて見えるように側面に爪楊枝で2本筋を入れ、気泡をあける。下部をリボンで巻いて、丸く切った厚紙をお好みの柄の布でくるんだ皿に接着。シリコン樹脂を絞ったホイップクリームと粘土で作った苺も接着し、ヘアピンパーツをつける

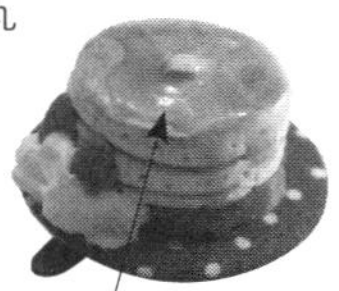

オレンジの絵の具をごく少量混ぜたエポ
キシ接着剤を垂らしてシロップを表現

ねじり蒟蒻ストラップ

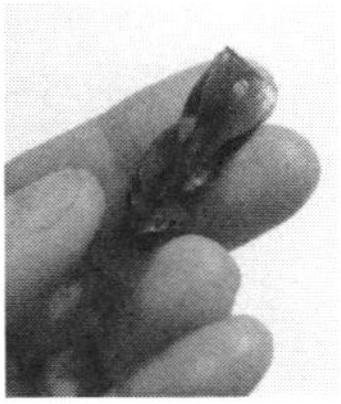

グレーに塗って黒の細かい点々を描いたプラバンを長方形に切り、真ん中にカッターで切り込みを入れる。オーブンで焼いてやわらかいうちに切り込みに端をくぐらせるようにしてねじる。すぐに冷めて固まるので手早く!

レモンティーをどうぞピアス

黄色く着色した透明粘土でレモンの果肉を作る。樹脂粘土で皮をつけて外側だけ黄色に塗る。角砂糖はサイコロ状にした樹脂粘土の表面に水で薄めた木工用ボンドをたっぷり塗り、白のカラーサンドをまぶしつける

中の粘土を茶色にする
とブラウンシュガーの
角砂糖になる

手軽に作れてかわいい
プラバンでいろいろアクセサリー

やってきました第四次プラバンブームが(私のなかでの)。
ちなみに第一次は小学校1年生のときでした。
プラバンは、好きな絵を描いて
好きな形に切って加熱するだけなので簡単。
アレンジの幅も無限大です。

やめられない、のり塩味
ポテチストラップ

自在に歪ませることのできるプラバンの特性を活かして。こちらはミニチュアじゃなくて実物大です

ダンディだけどキュート
カイゼル髭のストラップ

ぷっくりとした立体感を出すとかわいいです。ダリよりはむしろ大泉滉のほうをイメージしました

描くだけなので極細柄も
子ども用・黒レースの指輪

たまには大人っぽいデザインにもあこがれたりして。実際に編むのは大変だけど描くだけだから気軽

指にまとわりついてるみたい
“おなかをすかせた青虫”の指輪

大好きな絵本を指輪にして実写化。土曜日には食べ過ぎでお腹を壊しちゃうかも

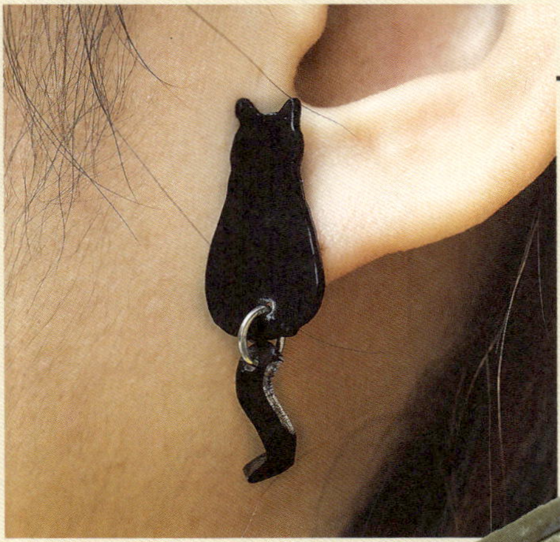

「私の気持ちを読み取って」

ゆらゆらしっぽの猫ピアス

人の動きにあわせて猫のしっぽもゆらゆら。猫って、しっぽで感情を表すんですよね

はるちゃんが幼稚園で作ってきたアリスのキーホルダー。トレースとはいえ、なかなかの出来だと思うんですが…どうでしょうか

子どももいっしょに楽しめます

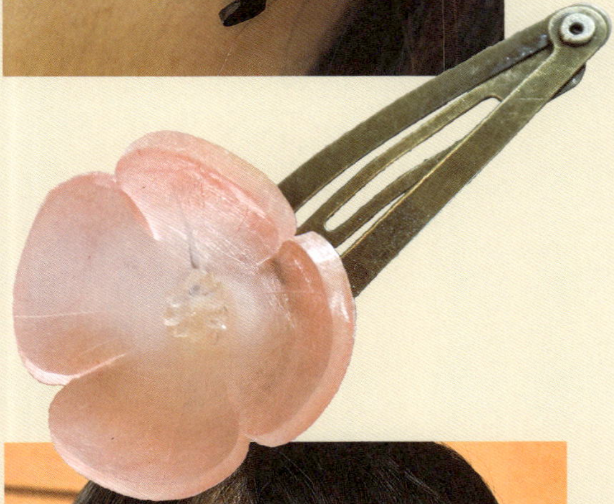

女の子はみんな大好き

お花のヘアピン

切れ目の入れ方でいろんな花びらのアレンジができます。細かく花びらを開かせたお花はイヤリングに

気分はスーペーシー

宇宙柄指輪

星の模様は白いポスカで点を描いていくだけのカンタンなお仕事

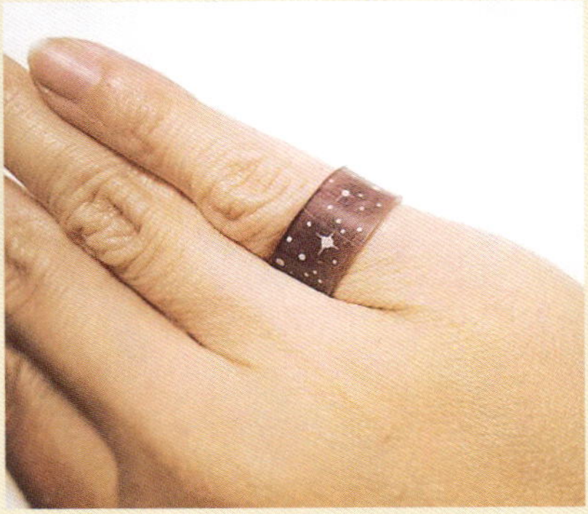

プラバンでいろいろアクセサリー

主な材料

プラバン(文具店や100均で売っています)、UVレジン液、パステル、各アクセサリーパーツ

道具

カッター、はさみ、目打ち、コピック、色鉛筆、油性マジック、手袋

トースターやオーブンで加熱して作ります。加熱直後は熱いので、取り扱いに注意してください。

“おなかをすかせた青虫”の指輪

1 プラバンに指のサイズよりちょっと大きめにはらぺこあおむしの絵を描いてカットする

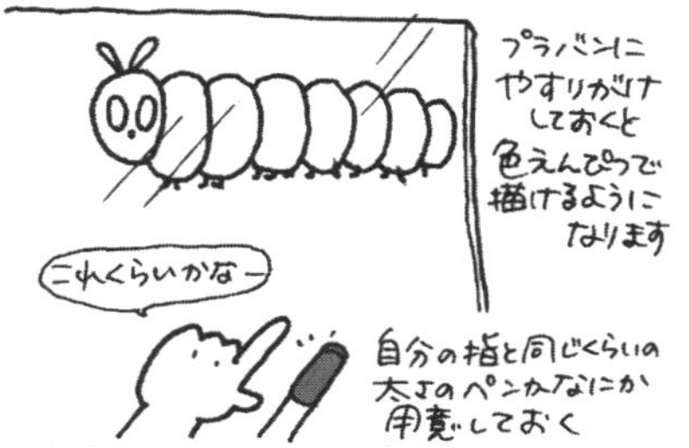

2 プラバンを加熱し、縮んだら取り出してやわらかいうちに指と同じくらいの太さのペンなどに巻きつけて冷めるまで手で押さえておく

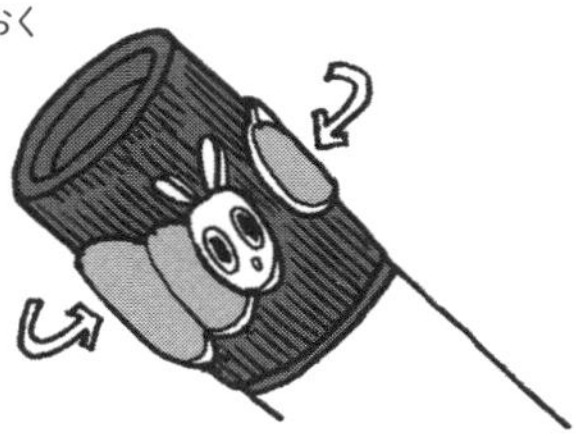

カイゼル髭のストラップ

カイゼル髭の形にプラバンを切り、油性マジックで黒く塗りつぶす。切る際に透明部分を少しはみ出させて、そこにストラップをつなぐための穴をあけておく。加熱して冷ましたあと、UVレジン液を盛って表面をぷっくりさせる

ポテチストラップ

1 やすりがけしたプラバンにポテチっぽい色をつけてポテチっぽくカットし、削ったパステルをティッシュでボカす

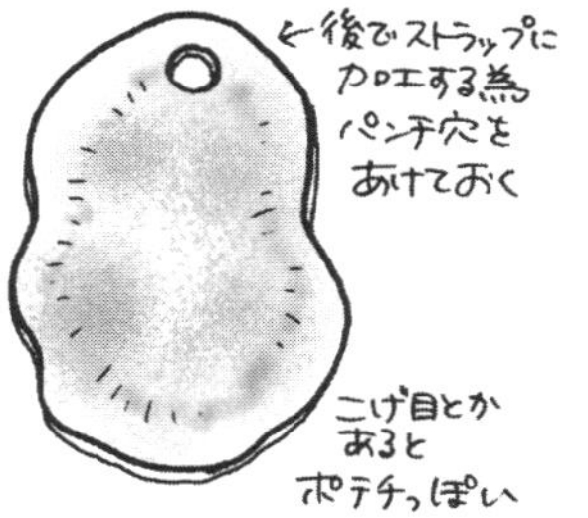

2 プラバンを加熱し、縮んだら取り出して柔らかいうちにポテチっぽく形を歪ませる

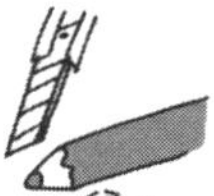

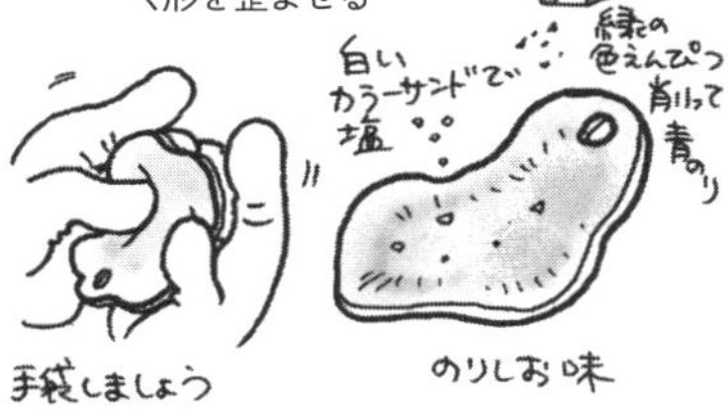

子ども用・黒レースの指輪

焼いたあと縮むのを考慮しながら、プラバンに細長く模様を描く。プラバンを切る際、指にはめたとき危なくないように角を丸く切る。指のサイズは大人ならマジックくらいだけど子供サイズならボールペンなんかがちょうどいい

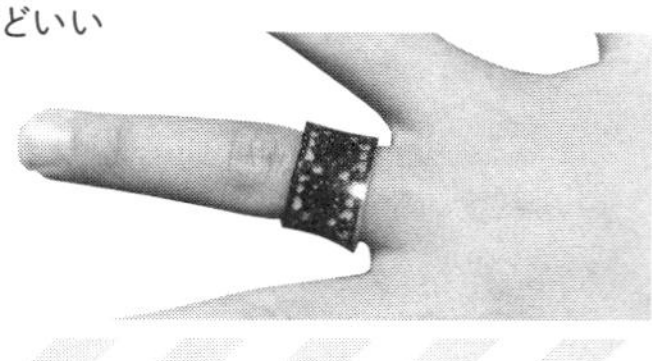

私の手作りアクセサリー幼稚園バザーでは不人気
うーん
バザーではこういうのじゃなくてきんちゃく袋とかをみんな買いたいんだよな
売れ残り分
このゴムははるちゃんにちょーだい
ホイップクリームのやつねいいよー　これかわいいのに売れ残っちゃったんだよな
あー
かわいいかわいいかわいい
しいたけとか納豆ごはんのピアスも残ってるからヘアゴムに作り変えようか
わくわく
それはいい

お花のヘアピン

1 やすりがけしたプラバンに花の絵を描いてカットする

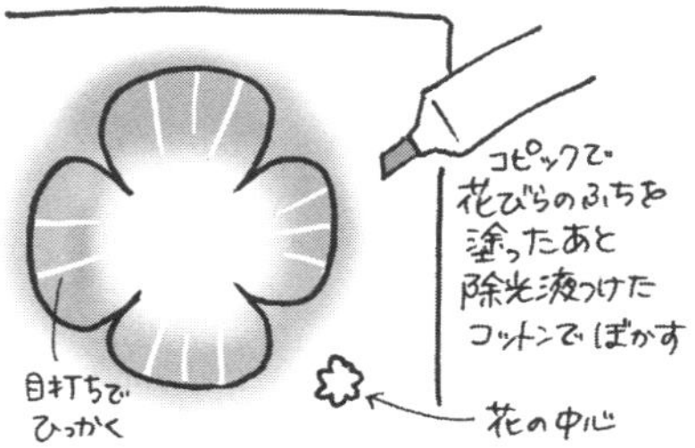
コピックで花びらのふちを塗ったあと除光液つけたコットンでぼかす
目打ちでひっかく
花の中心

2 加熱し、やわらかいうちに丸いものに押しあてててカーブをつける

手袋か軍手をして作業
私はドレッシングのフタのところを使いました
ノンオイル
花の中心とピンパーツを接着剤でつける

ゆらゆらしっぽの猫ピアス

猫のシルエットを、ボディとしっぽ別々にプラバンで作る。パーツの穴はプラバンを加熱する前にあけておく。加熱して冷まし、ボディとしっぽを丸カンでつなぐ

宇宙柄指輪

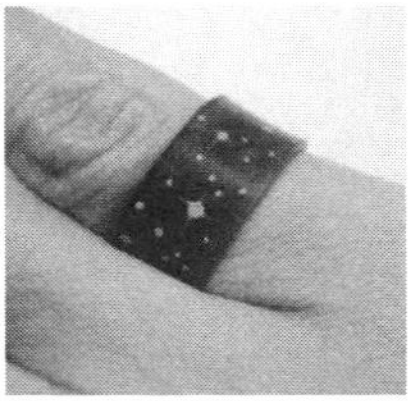

ヤスリがけしてから白のポスカで点々と星の模様をつけた細長いプラバンを、黒や濃紺のパステルで塗りつぶす。仕上げにラメ入りの透明マニキュアを塗るとさらに宇宙っぽくなる

妖怪を探し出すライト付き

おかあさんが作った妖《あやかし》キャラ・ウォッチ

いっくん作の段ボール製ウォッチ1号が
壊れてしまったので、リクエストに応えて作りました。
「買って」じゃなくて「作って」
と言ってくれたのがうれしくて。
はるちゃん用・女の子Ver.はペンダント風に。

全部100均で
買える材料で
作りました

アクティブなシーンにもフィット

男の子Ver.

背面にマジックライトが付いていて、マジックライトペンで描いた妖怪が浮きあがります。フタをあけると偶然にも公式のメダルがぴったりハマりました

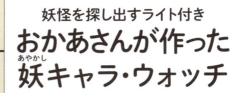

女の子用も登場
はるちゃん大興奮です

ペンダントタイプでおしゃれに

女の子Ver.

100均の化粧コンパクトを使用し、ひもを取りつけてペンダントにしました。女の子はいつの世もコンパクトが大好きなのです

おかあさんが作った 妖《あやかし》キャラ・ウォッチ

100均のマジックライトペンは
ライト部分とペン部分に切り離し、
それぞれ活用します。

材料

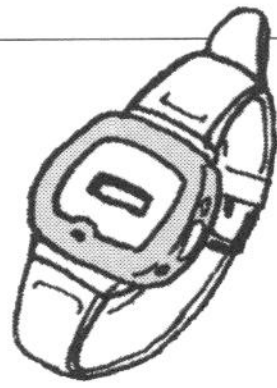

腕時計
ベルトが白くてシンプルなデザインのものを選ぶ

マジックライトペン
見えないインクで書いた文字が付属のライトで照らすと浮き出す

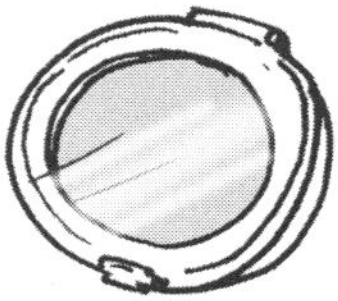

化粧コンパクト
フタが透明のチークやファンデーション

すべて100円ショップでそろいます。

作り方

男の子Ver.

1 腕時計の時計部分を分解して取り外す

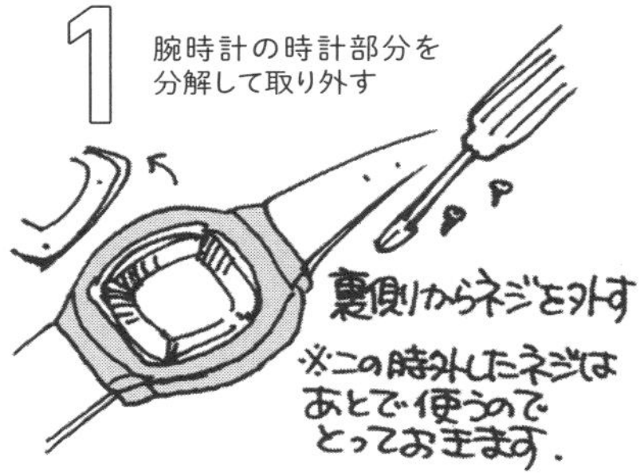
裏側からネジを外す
※この時外したネジはあとで使うのでとっておきます。

2 ベルト部分に油性マジックで柄を書きこむ

キュッ
キュッ

3 化粧コンパクトの中身を取り出す

ガコッ
マイナスドライバーを差し込んでぐいっと

4 あいた部分の大きさにあわせてウォッチの文字盤の絵を描いて貼る

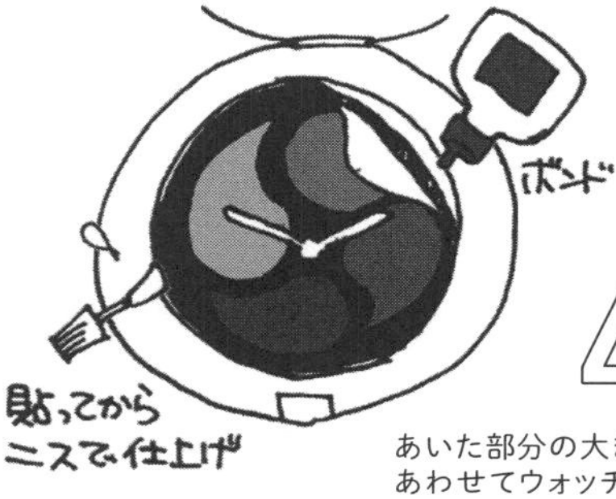
ボンド
貼ってからニスで仕上げ

5 マジックライトペンのライト部分を切り離す

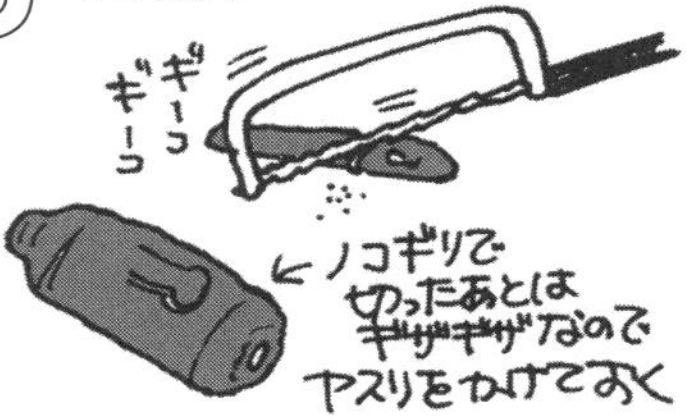
ギーコ
ギーコ
←ノコギリで切ったあとはギザギザなのでヤスリをかけておく

6 グルーガンでベルトとコンパクトを接着する

方向に注意
腕につけた時フタの開く側が手の方に向くように

女の子Ver.

1 フタが透明な化粧コンパクトを用意する

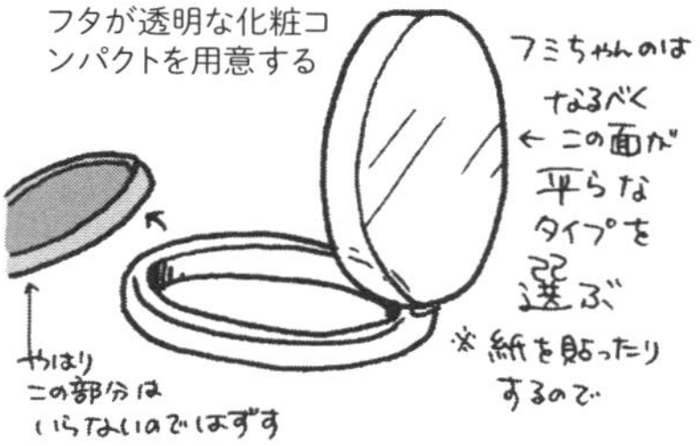

2 コンパクトのサイズに合わせて紙でウォッチの模様を作り貼りつける

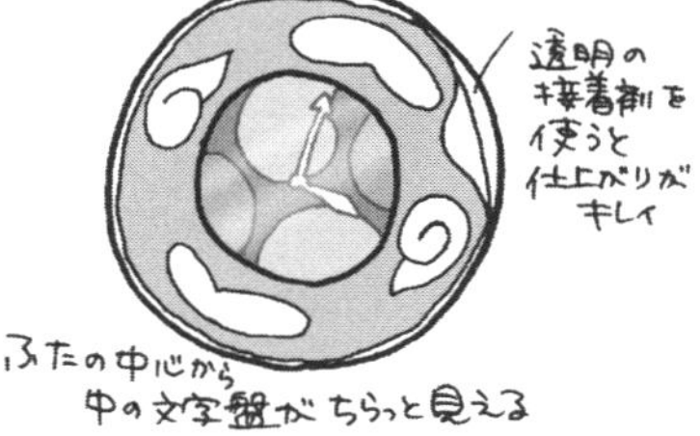

3 コンパクトの上部にひもを通した大きい丸ビーズを接着剤でつけ、裏側にはライトをつける

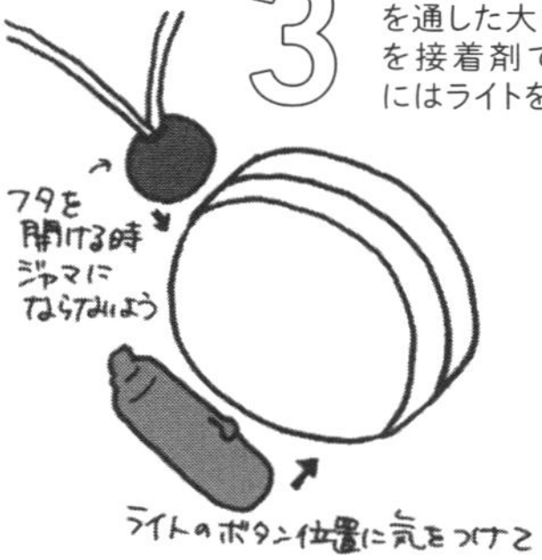

4 コンパクトのフタの表面にUVレジンを盛るように乗せ、硬化させてぷっくり感を出す

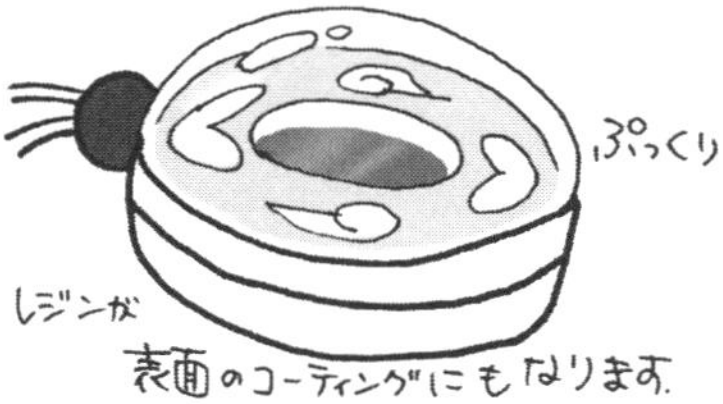

7 裏側から数カ所にキリで穴をあけてネジでとめる

8 ライトをベルトの脇にグルーガンで接着する

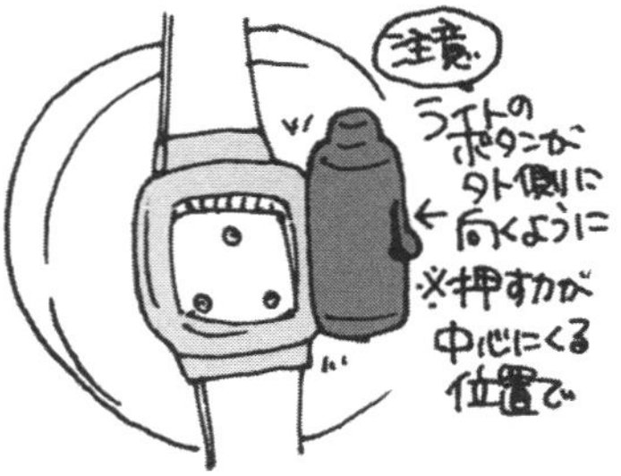

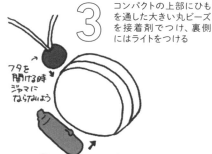

必要に迫られて生まれた

てづくりおもちゃ 1

「必要は発明の母」……なんて
たいそうな話でもないのですが、
「家族の記念になるものがほしいな」とか
「遊びの一環で子どもが持ってくれるような迷子ひもはないかな」
と思ったとき、即作っちゃうのがわが家です。

チャーリーくんとの思い出

家族マトリョーシカ

白木のマトリョーシカが売っているので、自分で絵を描いて仕上げます。いっくんがまだ赤ちゃんで、今は亡き愛猫・チャーリーくんがまだ元気だったころに作りました。近々5個セットのものを買ってはるちゃんを加えたバージョンも作りたいです

これならよろこんで持ってくれる

迷子防止
うさぎちゃん持ち輪

はるちゃんが赤ちゃんのとき、いっくん用に作りました。荷物をたくさん持ちながら下の子を抱っこして、上の子と手をつなぐのは至難の業。かばんやベルトループにこれをつないで、「うさぎちゃんを持っててね」と輪っかを持ってもらうととても楽。はるちゃんが歩けるようになったら、そのままお下がりに

「はるちゃんがいない…」
とのクレームがきたので
近々作り直します

シール着せかえにヒントをもらった

消しゴムはんこで着せかえ

シールタイプの着せかえがたくさん市販されているので、それなら、はんこでもできるんじゃないかなと思って作ってみました。女の子の顔と手足だけのハンコを作っておいて、洋服や小物のはんこはあとからどんどん作り足せるので、コーディネートの幅も広がります

てづくりおもちゃ 1

**白木マトリョーシカは
ネットで検索したら10個セットまで
ありました。大家族の方にも！**

消しゴムはんこで着せかえ

1 消しゴムを彫ってベースとなる女の子のはんこを作る

2 女の子のはんこを紙に押して、ボディに合わせて洋服を下書きし、洋服や小物のパーツとなるはんこも作る

家族マトリョーシカ

1 無地の白木マトリョーシカを用意する

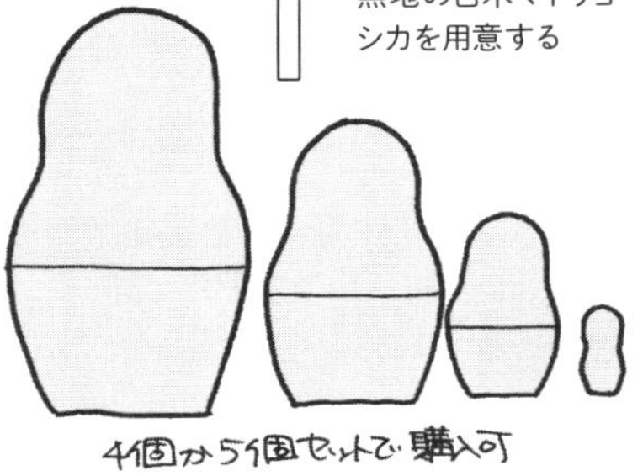

2 アクリル絵の具や油性ペンで家族の絵を描き、ニスを塗って仕上げる

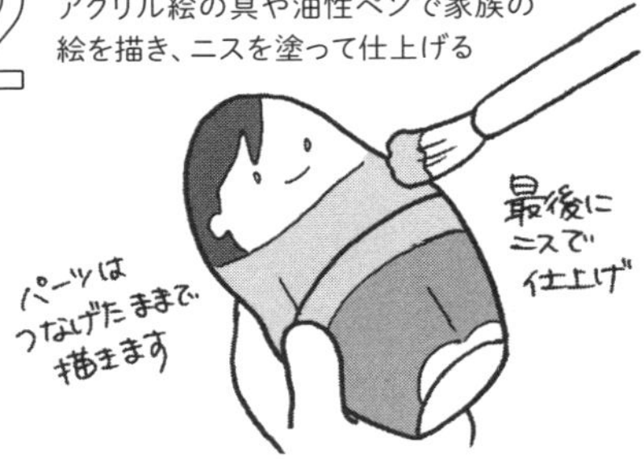

おかあさんが〝犬側〟

市販の迷子ひも（ハーネス）って機能重視でハードな感じだし、親が輪っかを持って子どもをつなぎとめるタイプなんです。巷では「子どもを飼い犬扱いするのか」なんていう声も出てきたりして。その点、うさぎちゃん持ち輪は子どもが自主的に輪っかを

子どもがふたりいると
片方をだっこして
もうひとりと手をつないで
荷物も持ってると
とても大変
吊り輪みたいなのつけて
子どもに持たせよう
はるちゃん お散歩のとき
これお手手の代わりに
ぎゅーって持っててねー
ぐい
ゴメン
ぶらさがれるようには
できてないんだわ

迷子防止うさぎちゃん持ち輪

1 古ハンドタオルをくるくるとキツく巻き、さらに糸でぐるぐる巻きにしておく

子どもが握りやすい太さで

2 カバーとなる布を中表に、うさぎちゃんの頭部・手足と持ち手用の平テープも内側に仕込んで筒状に縫う

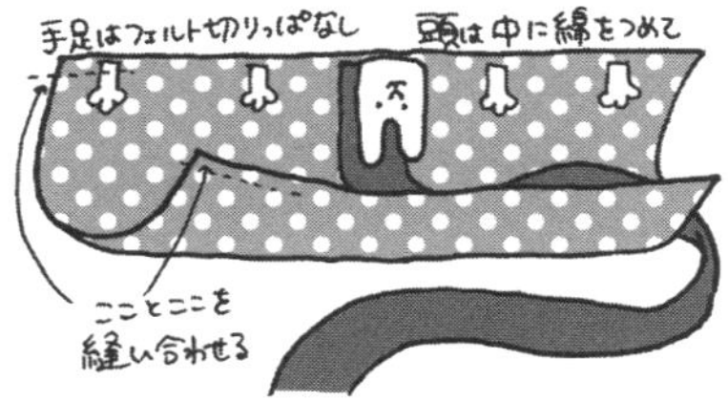
手足はフェルト切りっぱなし
頭は中に綿をつめて
こことここを
縫い合わせる

3 巻いたタオルにうさぎつきカバーをかぶせ、輪っか状にする

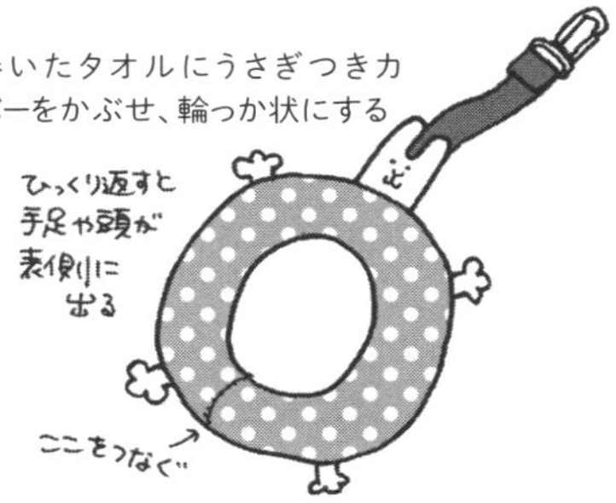
ひっくり返すと
手足や頭が
表側に
出る
ここをつなぐ

持ち、私がつながっている格好。つまり、私が〝犬側〟なんです(笑)。そっけないデザインの輪っかに「つかまって」より、「うさぎちゃんをギュッとしててね」と言うほうが子どもはよろこんで持ってくれます。ちなみにうさぎちゃんの雰囲気は、大好きな絵本『わたしのワンピース』へのリスペクトをこめてみました。

世界にひとつだけの

てづくりおもちゃ 2

ちょっと手間はかかるけれど、既製品よりも
「うちだけのおもちゃ」は愛着もひとしおです。
ハッ…どこかで見たことのあるキャラクターが!!
愛する気持ちがあふれたゆえ、リスペクトゆえですので、
お許しください!

菓子パンヒーローのキャラクターで

牛乳パックの顔あわせ

0歳児から遊べるパズル。顔の形の違いがわかりやすい大人気菓子パンヒーローアニメのキャラクターを描いてみました

心はずっとそばに

チャーリーくんの指人形

私と結婚する前からおとうさんが飼っていて、子どもたちがまだ小さいころ亡くなってしまった愛猫のチャーリーくんの猫毛フェルトで作りました。こうして指人形をはめてお庭にいると、チャーリーくんが遊びに来たみたい

無地のパズルに絵を描いて

いっくん&はるちゃんピクニックパズル

2歳ごろのはるちゃんは、だんだん自分の顔が出てくるのがうれしかったようで、飽きずに何度もやっていました

セル画の原理を応用

クリアファイルで動物変身

白くまが、模様の組み合わせでパンダ・月の輪熊・トラに変身するおもちゃ。こちらも0歳児から遊べます

ふたりとも小さいころから愛用しすぎて、主人公の足はもげ、ピンクのワンピースの女の子は老朽化…

「う～ん、開花！」

頭のお花が変わる フェルトマスコット

子どもたちが大好きな、頭に花が咲いたかっぱの一族のアニメ。いろんなお花に変わる設定を、かぶせられるアタッチメントで実現してみました

自分たちが登場する
おもちゃはやっぱり
うれしいみたいです

今日も兄妹の熱戦が！

オリジナルどうぶつしょうぎ

将棋を子ども用にぐっと単純化。市販のものもありますが「どうせならうちの家族が絵になってるのがいい」ということで作りました

てづくりおもちゃ 2

牛乳パック、段ボール、厚紙、
クリアファイルetc. お家にある材料で
簡単に作れます。

牛乳パックの顔あわせ

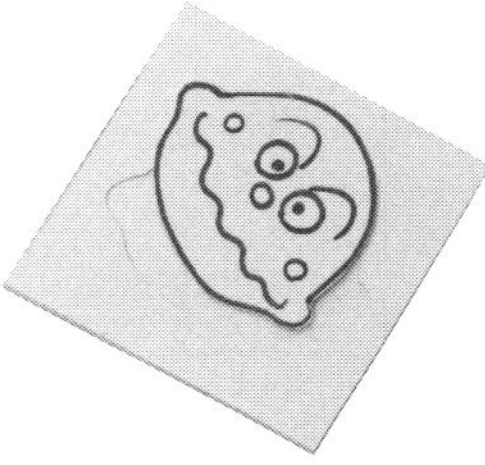

牛乳パックを同じ大きさの四角2枚に切り取る。1枚に好きな絵を描いて輪郭を切りぬき、もう片方に色を塗っておき、絵を切りぬいた外側をボンドで貼りつける

裏面。牛乳パックは丈夫で滑りもよく、
必ずどこの家にもある万能材料！

チャーリーくんの指人形

1 指のサイズで厚紙に猫の型紙を作り、ブラッシングした猫毛でくるんで石けん水で揉んでなじませフェルト化させる

2 タオルで押さえて水気を取り、アイロンをかけて乾かす

いっくん＆はるちゃん ピクニックパズル

文具店、画材店、無印良品などで売っている無地の真っ白いパズルに自分の好きなように絵を描く。ピースの境は溝になっていて、線が歪んだり絵の具が垂れ落ちたりするので注意する

2歳のときのはるちゃんはなぜかオリジナルソングを鼻歌で歌いながらパズルをやっていました

オリジナルどうぶつしょうぎ

段ボールと厚紙をボンドで張りあわせ、台1枚と駒12枚を作る。お好みのどうぶつしょうぎの絵を描き、動き方を示す点を各駒に描く。せっかく自分で絵を描くので動物の種類を変えたり、食べものの絵に置き換えたりしても楽しい

クリアファイルで動物変身

厚紙に、ベースとなる白くまの絵をなるべくシンプルに描く。厚紙のサイズにあわせて切ったクリアファイルを重ね、パンダの模様や、トラの縞と鋭い目の輪郭、月の輪熊の柄など、いろんなバリエーションを作る

大きさをあわせた入れものも作っておくと絵をあわせたときにズレないし、片づけるときバラバラにならなくて便利

頭のお花が変わるフェルトマスコット

1

フェルトでキャラクターを作る

目、まゆげ
鼻、口はししゅう
手と足は
こういうパーツ→
をはさみ込んで
縫いとめる
背中にはこうらを

2

「とりあえずの花」より大きめに花のパーツを作り、2枚あわせて下のかぶせ口を残して縫う

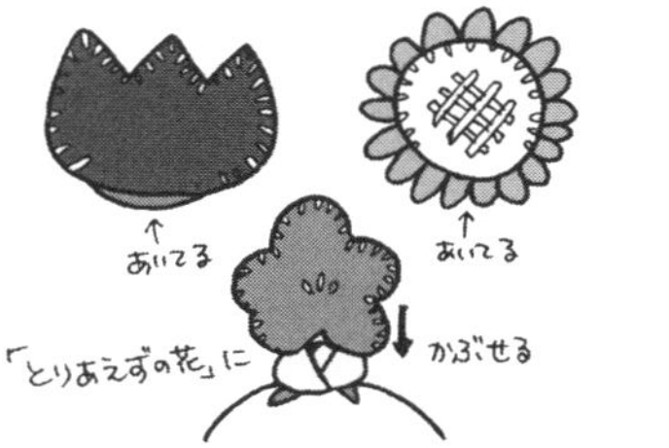
あいてる
あいてる
「とりあえずの花」に
かぶせる

てづくりおもちゃは わが家の歴史

子どもが0歳児のころは、いっしょに連れて外出するのはとても大変だし、あれこれ忙しいしで、おもちゃを買いに行く時間がないんです。だけどおもちゃはほしい。そんなわけで「牛乳パックの顔あわせ」や「クリアファイルで動物変身」を家にある材料で作りました。単純な作りだけれど、いっくんもはるちゃんも気に入ってよく遊んでいたなぁ。0歳のときに作ったおもちゃ、1歳のときの、2歳のときの……と、てづくりのおもちゃを眺めてみると、子どもの成長の跡と思い出を感じられてとてもうれしいものです。

ひと工夫を加えて長く着続けたい

お気に入り衣類

けっこうものが捨てられないタチなんです。
気に入ったものは愛着を持って
最後まで使いたいから
シミや破れができたとしても
それを活かしてどうにかできないかな?
とついつい考えてしまいます。

画期的！史上初の機能（当社比）

ひざ破れからのどんぐり専用ポケット

子どものズボンのひざはとにかく破れやすい。子どもはどんぐりを拾うのがとにかく好き。さすればこうなる

大きめの破れの場合は謎のキャラクター「パクパクくん」に変身

3点ともリバーシブル
になっています

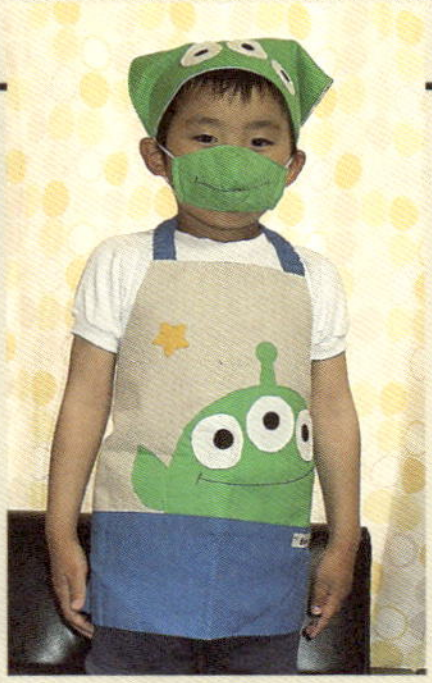

いっくん、楽しそうに
給食当番していました

給食当番もテンションUP

3つ目宇宙人のエプロン

いっくんの幼稚園で給食当番がはじまったとき、エプロン・三角巾・マスクのセットが必要になり、“おもちゃの話”に登場するキャラクターをリクエストされて作りました。三角巾はツノっぽく、マスクには口の刺繍があしてあります

日常はそれ自体が
ハプニングアート！
（とか言ってみる）

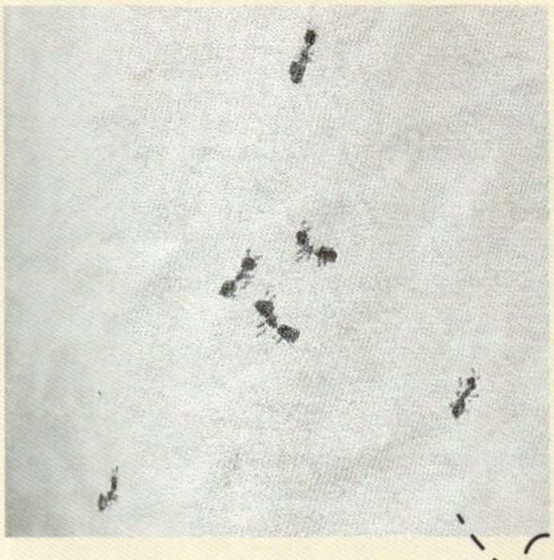

落ちないなら絵にすればいいじゃない

墨汁ごまかしの蟻たかりTシャツ

Tシャツについた墨汁のシミを前向きにとらえ、力づくでデザインにしました。いっくんは蟻好きなのです

お気に入り衣類

ケチってわけじゃないんです。
ものが捨てられないだけなんです！

“おもちゃの話”の
3つ目宇宙人のエプロン

1
子どもの身長にあわせてエプロンを作り、
3つ目宇宙人をつける

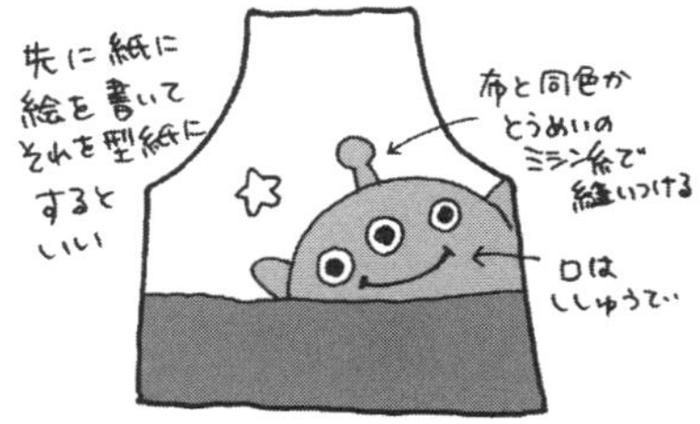

2

3
子どもがひとりで着やすい工夫をする

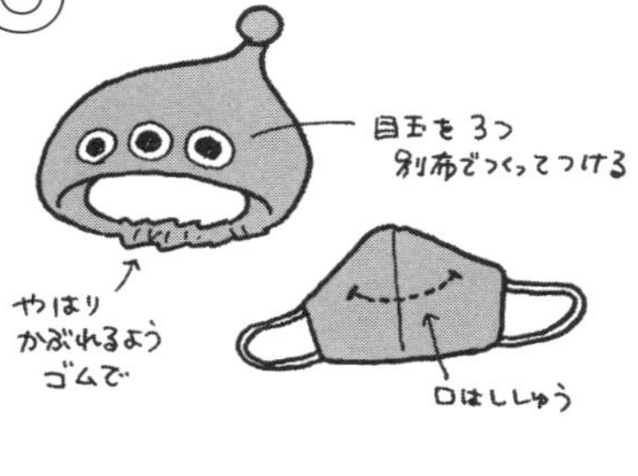

墨汁ごまかしの蟻たかりTシャツ

墨汁が飛んだシミの点を活かして蟻の絵を描く。洗濯しても落ちない顔料タイプのペンがよい。細かい脚などは、布用のボールペンが描きやすい

ひざ破れからどんぐり専用ポケット

穴があいた縁を糸でかがってそれ以上ほつれないようにしておく。穴の裏側から、下のほうを大きくとったあて布をしてまわりをざくざく縫う

破れ・ほつれは新たなデザインに生まれ変わるチャンス

1～2歳のころのはるちゃんは男の子に間違われるほどにアグレッシブだったので、服に穴やほつれが絶えませんでした。ひざに裂け目、おしりに破れ……これだけ着たら服も本望だろうと、捨てようと思うんだけれど、ボロボロの服に限ってはるちゃんがお気に入りだったりして、そればっかり着ようとするのです。なので、アップリケや刺繍でしょっちゅうお直しをしていました。動物などのアップリケは、古い靴下や派手な色柄の布で作るといい味が出たりするので、はぎれ・ボロきれが大活躍。こうしてますますものが捨てられないという円環構造に……。

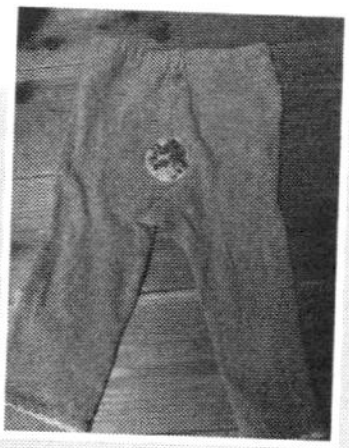

おしりの穴はわざと違う柄の布でワンポイント扱いに

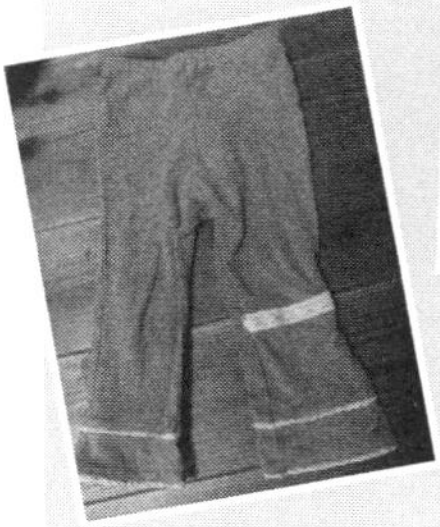

裂けるように破けてしまったらレーステープで縫いつけて

ボロボロになった靴もレーステープでかわいくお直し

デイリーユースにこそ
こだわりたい

ゆかいな日用品

毎日持ち歩いたり使ったりする日用品こそ
好きなようにカスタマイズしたい。
私や子どもたちにとって使いやすくて
かわいいと思えるものができあがると
ムフフッという気持ちになります。

ピアニカを吹くたび
宇宙キター!

ヒーロー吹き口袋

幼稚園でピアニカの吹き口を入れる小さなポーチが必要になったので作りました。いっくん(&おかあさん)が大好きな昆虫モチーフ戦闘ヒーロー番組40周年Ver.へのオマージュです

健康10まんボルト

黄色い齧歯類《げっしるい》マスク

一時期「着けるだけで○○になれるマスクシリーズ」に凝って、マスク製造所と化したおかあさん。風邪・インフルエンザ流行の季節、これなら子どもたちもよろこんで着けてくれます

和風戦隊ヒーローと黄色い齧歯類が夢の競演

蟻好きいっくんのための

蟻の巣上履き入れ

いっくんが蟻の図鑑を毎日楽しそうに見ていたので、幼稚園の上履き入れを蟻の巣デザインで作りました。持ち手のところがキャンディの棒になっていて、キャンディの欠けた部分は裏面の巣に運びこまれています

本当にボロボロだったので別布で裏地をつけて強化

お気に入りだからとことん使う

ジーンズを巾着&バッグにリメイク

いっくんがいちばんのお気に入りだったジーンズ。すり切れては直し…を繰り返してきたのですが、「血止まるぞ?」レベルまでパツパツになってしまったので、コップ入れ用の巾着とバッグに作り直しました

子どもたちのよろこぶ顔で おかあさんは元気100倍

100均で調達可能な材料で作れる

あの椅子キャラ

100均に「どうぞあの教育的エンタメ番組の椅子キャラを作ってください」と言わんばかりの水色やピンクや黄色の椅子が売っていて、手づくりの椅子をSNSやブログにアップされているママさんがたくさん。私も自分なりの工夫を加えて作ってみました

ゆかいな日用品

ママ友に「これって手作り?」と
気づいてもらえるのもまたうれし。

ジーンズをリメイク

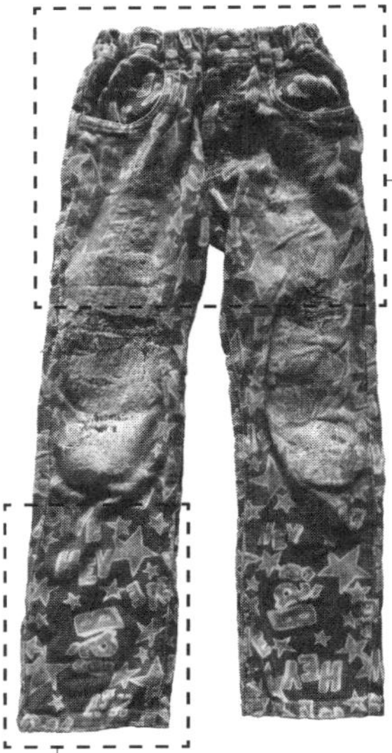

ズボンの裾部分から20cmぐらいを切り取り、ボーダーの足し布と縫いあわせ、巾着を作る

ジーンズのウエストから股下数cmのところでカットする。股下の部分をほどいてまっすぐになるよう縫い合わせ、中布とあわせてトートバッグを作る

蟻の上履き入れ

1

茶色い布で地中の蟻の巣部分を作り、無地の布に重ねて縫いつけ靴袋を作る

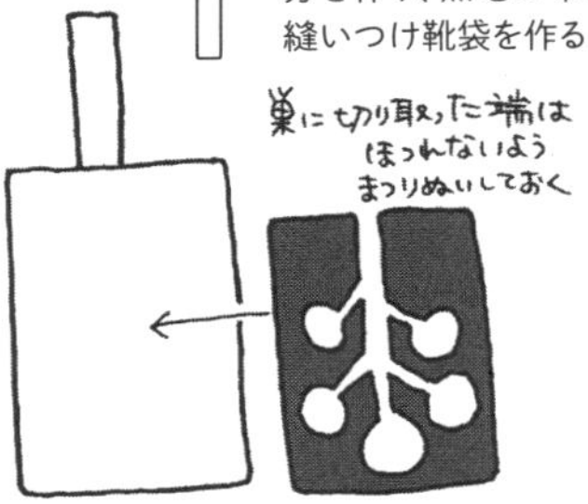
巣に切り取った端は
ほつれないよう
まつりぬいしておく

蟻の巣の各部屋に黒い糸で蟻を刺繍する。女王蟻の部屋には生成りの糸で卵も刺繍しておく

2

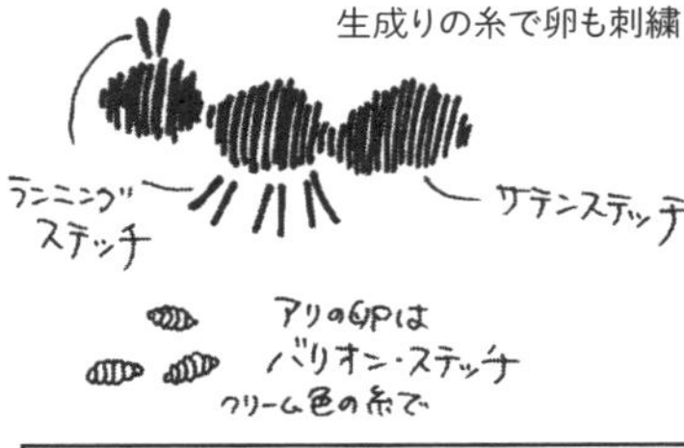
ランニングステッチ
サテンステッチ
アリの卵は
バリオン・ステッチ
クリーム色の糸で

黄色い齧歯類マスク

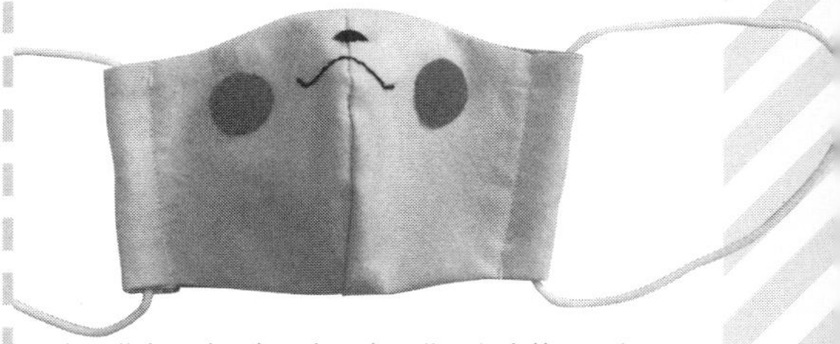

表は黄色い布、裏は赤の布で作った立体マスクの表布に黄色い齧歯類の鼻と口を黒い糸で刺繍する。丸く切った赤いフェルトでほっぺたをつける。サイズ感とバランスが大事なので途中で子どもの顔にあわせて調整する

ヒーロー吹き口袋

土台となる白い布を、縫いしろ部分を計算してヒーローの輪郭に切る。黒・赤・白のフェルトと黄緑色の糸の刺繍で顔をつける

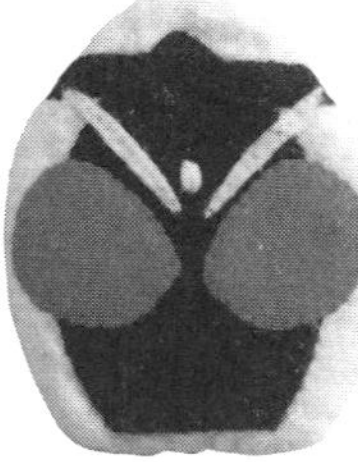

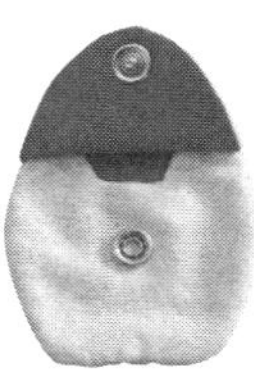

赤い中布と合わせてフタつきポーチを縫い、スナップボタンをつける

あの椅子キャラ

1 クッキングシートに油性マジックでコッシーのパーツを描いて、各色のビニールテープを貼っておく

2 シートごとビニールテープを切りぬき、イスに貼りつける

2歳3カ月のはるちゃんとのサイズ比はこんな感じ

わたしのルーツ

こんな生い立ちでてづくり好きになりました

私が小さかったころ
おんば(乳母車)の中が
いつもいる場所でした
私の実家は
萬《ばん》古《こ》焼《やき》という陶器の
窯元で
家族が働いているのを
おんばから見ていました
たまにおばあちゃんや職人さんが
かまってくれたりします

おんばの中で
絵本を読んだり
つみ木をしたり
ウチが扱っているのは急須や湯のみ
だったので
おままごとでは
おもちゃの食器の中で
茶道具だけ
本格的でした
欠けたり
したのをもらう
たまに粘土をもらって
なにか作ったりもします
萬古用の土
これ
やいて
窯の隅っこで
急須といっしょに焼いて
もらえます
でも萬古焼の土は焼くと
黒くなるので できあがりの色は
とても地味です
……

このころ買ってもらったのが
タカラトミーの
「せんせい」
マグネット式の
何度も消せる
お絵かきボードです
「せんせい」を手に入れて
からというもの 私はもう
いつでも
どこでも
一日中おえかきを
していました
あの子「せんせい」さえ
あればずっと静かに
なんか書いてるわぁ
めちゃくちゃ
使いこんだので
ボード面の消耗が激しく
3台くらい
買い換えたそうです

4歳の春に幼稚園に入園します
お作法の時間や体操教室は苦手だったけど
工作の時間は大好き！
園行事の父兄参観で「紙を切って貼って人形を作ろう」というのがありました。
がや
がや
使う紙は家から自由に持ってきていいということだったのですが
おりがみ
当時の自分と等身大くらいの大作になりました

その写真を最近になって
実家のアルバムで
見返したんですが
ちょっと
この作品！
おもひで
ばあば！
これ見てよ！
？
よく見たらスカートに
使われている紙が
浜乙女のり
高級
海苔の包装紙だったのです
ダサすぎる！
なんでもっと
かわいい紙持たせて
やんなかったのようー
時効やん〜
あいかわらず
絵ばかり描いていましたが
リカちゃん人形をもらったので
人形遊びも
よくするようになりました
4つ上の兄に顔の部分を
ロボットにつけ替えられて
泣いたりしました…
わ

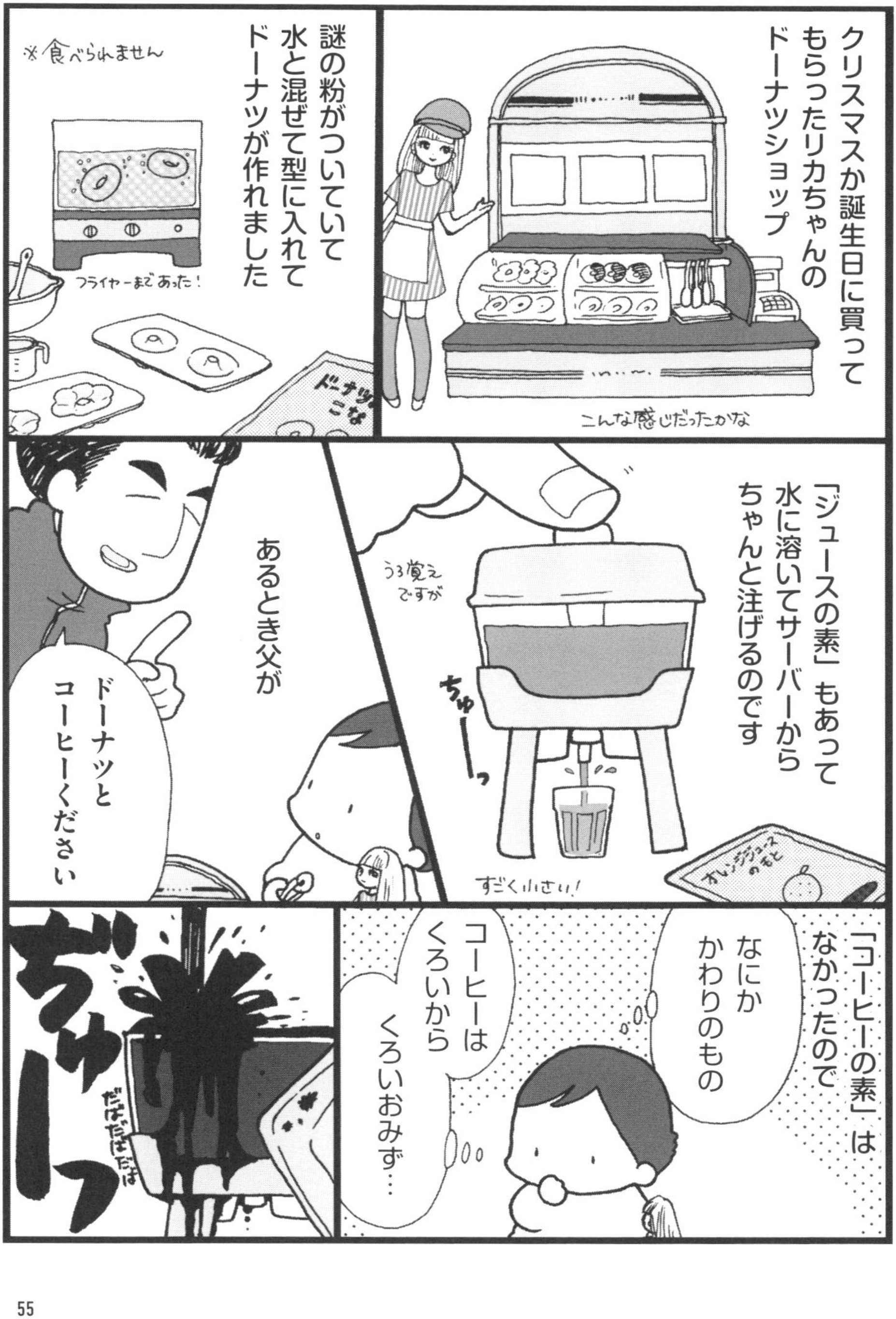
クリスマスか誕生日に買って
もらったリカちゃんの
ドーナツショップ
こんな感じだったかな
謎の粉がついていて
水と混ぜて型に入れて
ドーナツが作れました
※食べられません
フライヤーまであった!
「ジュースの素」もあって
水に溶いてサーバーから
ちゃんと注げるのです
うろ覚えですが
ちゅーーっ
すごく小さい!
オレンジジュースのもと
あるとき父が
ドーナツと
コーヒーください
「コーヒーの素」は
なかったので
なにか
かわりのもの
コーヒーは
くろいから
くろいおみず…
ぢゅーっ
だばだばだば

私がコーヒーの代わりにサーバーに入れたのは墨汁でした
しかもめっちゃこぼした
ひゃ〜
ドーナツショップはすぐに真っ黒の墨だらけになってしまいました
そういえば母はこのとき私のことを怒ったりはしませんでした
墨汁ほんとにコーヒーに似とるもんねぇ
よう思いつくわぁ
落書きとかでも叱られた記憶はありません
子どもの行動に寛容というよりもともとおだやかな人なのです
そんなこんなであっという間に小学校に入学
らんらん ら〜
はじめての「自分のノート」
ぴー
定規

ミニ絵本制作に忙しい毎日
① 折り目つけて
② 真ん中切る
③ 折る
④ 閉じて
⑤ 絵を描く
⑥ ミニ絵本（8ページ）完成！
4.5cmくらい
9cmくらい
ねこのほん
にゃー
作ったら友だちに見せたい
おもしろいと言ってもらうとうれしくてもっと作る
ノートにページ漫画のようなものも描くようになりました
キャラクターとか作れないので
登場人物はみんなクラスメートとか

まだリカちゃんでも
よく遊んでいました
おばあちゃんが
手縫いでリカちゃんの
浴衣を作ってくれて
すご〜〜い！
人間用のと
同じ作り方
私もハギレをもらって
洋服を作ってみましたが
できるハズもなく
昔の人…？
その代わり リカちゃんに持たせる
小さいレジ袋や紙袋を作りました
本物のレジ袋を
ちょっと切って
紙袋は茶封筒から
マチ付
はじっこを
アイロンで一瞬当てると
熱で接着される
じゅっ
「ドーナツ屋さん」の
ドーナツを入れたり
おかいものごっこの
おもちゃを入れたり
今のミニチュア好きも
このころからもう
始まっていたようです
また このころから
かなりのテレビっ子に
なります
両親はぜんぜんマンガを
読まない人だったので
家にはマンガが一冊も
なくて その反動でか
アニメを
よく見ました
たいてい
口開いて
見てる

ナウシカの蟲笛
かっこいい
森へお帰り!!
ゴそゴそ
★フィルムケース
切る
たこ糸通す
キリで穴あけて
蟲笛
できた
わい〜んわい〜ん
ひとり遊びが好きだったので
自分でなにか作ったりするのが
好きでした
両親にアニメの知識が
まったくないので
そういうグッズ的なものは
自分で作って遊んでいました
段ボールで
ひみつのアッコちゃんの
コンパクトとか
アルミホイル
(鏡のつもり)
風船に古新聞と
半紙をのりで貼って
パーマンマスクとか
ふろしき

中学時代は茫茫と過ごし
クラブは家庭部だったので料理したり服作ったりしてた
ガガガガガ
高校では芸術コースに進み
デッサン三昧
美術短大ではろくに制作もせず遊びほうけて
うぇーい
バカ
卒業して就職したデザイン会社で今の夫と出会います
髪長い人だなー
髪短い子だな
上司だった
※特にひとめぼれとかはなかったです お互い
なんやかんやで現在に至るのですが先日実家に行ったとき母が
ねえ見てほしいものがあるんさー
ナニナニー？
古びた段ボール箱を出してきて
これちょっと開けてみてぇ？

中からは私の幼稚園時代からの作品がどっさり！
わあっ！
ばあば今までずっと残しといてくれたの…
うる…
うんうん ほんでなコレな
コレもういらなかったら捨てといてくれる？
一応本人に聞かなと思て
捨てるタイミングなかっただけかよ！
私のルーツが！
成績表

幼稚園の「おどうぐばこ」も残っていて、中には小学校のころの文集とか通知表、賞状なんかが入ってました

その段ボールの
中身が
こちらになります…

こういう自由な線の勢いがある絵って、今描こうと思っても描けないだろうなーと思います

クレヨンを横にして、くるっとさせるとチョウチョみたい！と発見して、そればっかり描いてたおぼえがあります

幼稚園のおえかきの時間で、たまに絵の先生が来て絵の具で描くときはちょっとテンション上がりました

「汗をとばす」「台詞を吹き出しに」などの漫画的表現をこのころから使っていたことに驚きました

この絵を見てびっくりしたのですが、花や葉っぱがいっくんの幼稚園のころの描き方とまったく同じだったんです

前川家の歳時記

春

新入園・新入学
わが家はお下がり制度をフル活用

とてもわくわく、ちょっと緊張。そんな入園・入学の季節。新しく入る幼稚園や小学校で使う子どもの身のまわりのものを揃えましょうというとき、うちはお下がりウェルカム派なんです。子どものころの服って、本当に一瞬でサイズが小さくなってしまうでしょう？　あまり着ていないのにすぐ捨ててしまうのは、もったいないなあと思っています。

いっくんが幼稚園に入るとき、園指定の帽子を卒園した先輩からいただきました。前に使っていたお子さんのお名前が書かれていたので、その上に、いっくんの大好きな〝おなかをすかせた青虫〟のアップリケをしてみました。

太いマジックで上書きするとか、名前シールを貼っていかにも「隠してます」って感じじゃなくて、デザインの一部としてかわいらしく存在しているのがいいな、と思って。みんな同じ帽子を使っているなか、まだあまり字の読めない子どもでも、パッとひと目見て「いっくんの」ってわかるので便利です。うちはいっくんのときから、ベビーバスも布おむつも、お下がり。赤ちゃんや子どものものは、みんなで回して回して使っていくものだと思っています。

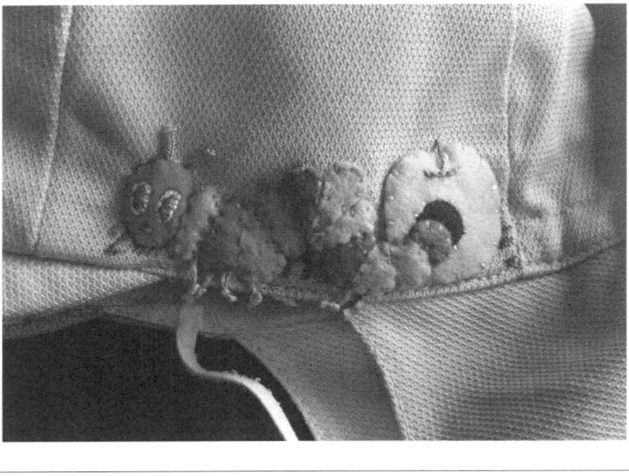

あおむしの足は結んだ糸を縫いつけてゆらゆら揺れるようにしました

春は手紙の季節
切手と絵封筒で遊ぼう

メールやＬＩＮＥはとても便利で、私もガンガン使うのですが（前川さなえ作のＬＩＮＥスタンプ発売中です……テヘ）、手書きのお手紙って、やっぱりもらってうれしいものだし、特別感がありますよね。

お礼やご挨拶の機会が増える春は、ハガキや、封書の手紙をよく書きます。切手を貼っているときにふと、「切手の見えてないところを描き足したらおもしろいな」と思い立ち「絵封筒」をやってみました。もらった相手が封をあける前に、一瞬「クスッ」となるところがあったら楽しいかなと。

私の実家は自宅から車で20～30分ほどの場所にあって、ほぼ毎週末、子どもたちを連れて遊びに行くのですが、それでもいっくんとはるちゃんはじいじ・ばあばによくお手紙を書いています。運動会のあと、遠足のあと、なにか大きな行事があったときに「こんなことがあったんだよ」と、子どもたちの描いた絵を添えて送ると、やっぱりうれしいみたいです。ちゃんとお返事も返ってきます。週末すぐ会うのにね。最近は、かわいかったりおもしろかったり、珍しい切手がいろいろ発売されているので、さらにお手紙ライフが楽しくなってきました。

仁王像の切手で絵封筒を。
怒っているときのおかあさん
は本当にこんな感じです

絵はOKだけど、字は宛名
以外に書いちゃいけないん
ですよね。本当はね。こ
れだと辰巳琢郎さんのとこ
ろに届いちゃうかもしれな
いからね（届きません）

こどもの日が過ぎると はるちゃんの誕生日

季節の行事はけっこう大切にしています。いっくんが初節句のときに、鯉のぼりを買いました。今の鯉のぼりって、たいてい折りたたみ式のポールを使うんだけど、うちは裏が竹林なので、毎年竹を切ってきて竿にします。しかし年々、親の体力的に厳しくなってきました……。堅くて切るのが大変だし、刺し穴に刺してみたら節が引っかかっちゃってやりなおし、なんてことも。

竹の竿は風が吹くといい具合にしなって、本当に鯉が自由に泳いでいるような動きになります。裏山から菖蒲《しょうぶ》を採ってきて、菖蒲湯にも入ります。裸になったら菖蒲を股に巻きつけて「菖蒲下着」。毎年（おとうさん以外の）家族全員、マストでやるお約束です（笑）。

子どもの日が過ぎるとはるちゃんのお誕生日がやってきます。春生まれのはるちゃん。小さいときはいつもニコニコしていて、春みたいにおおらかで、まわりのみんなを幸せにするような子だったのに、最近たまにすごい怖い顔するじゃん！っていう瞬間が（笑）。『ガラスの仮面』で例えると「小さいときはアルディスだったのに最近オルゲリドお姉様になってきてない？」みたいな。わかる人だけわかってください……。

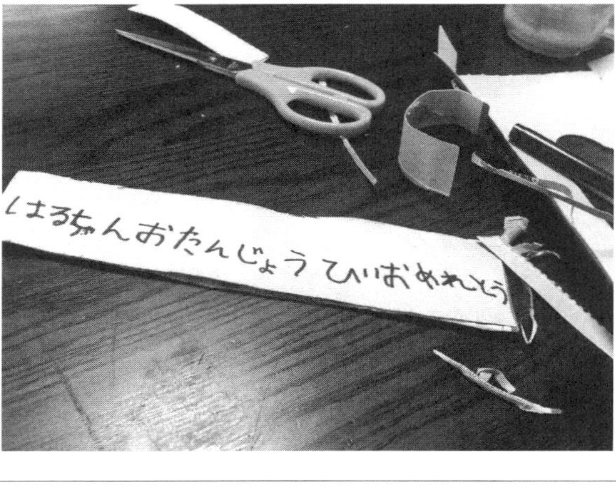

はるちゃんの誕生日にはいっくんが必ずメッセージカードをあげるのですが、ずっと「おめれとう」になっていました。ちなみにこれはいっくん3年生のとき

前川家の歳時記

夏

梅雨の過ごし方

なんでも楽しんじゃえ気質のわが家は、雨の日も「傘をささずに外に出てみようか！」なんて言って、庭でずぶ濡れになって遊んでます。「ずぶ濡れ」ってだけでなんだか笑えてきませんか？　そうでもないですか？　あはは。

レイングッズにひと工夫を加えるのも楽しいです。子ども用の傘は危なくないように露先が丸くなっているので、そこに小さく顔を描いたり、樹脂粘土をかぶせてカエルにしたり。ビニ傘に内側からポスカで絵を描いたり、柄の部分にかわいい布のカバーをつけておくと、自分だけのオリジナル・デザインになって、間違えられにくいです。

雨の日は、お家のなかで子どもたちの工作がはかどります。幼稚園のころのいっくんは毎日量産していたので、作品が無限にたまってしまって。「ちょっと整理しようか」と言っても「全部とっとくの。捨てちゃダメ！」と言われます。そこでおかあさん、頭をひねりました。架空の「ちびっこてづくりおもちゃこんてすと」のチラシを作成し、「ここに応募してみようよ」と誘ってみたのです。こうして大量の作品を「応募する」という名目で、家のなかから旅立たせることに成功したのでした。

架空の「ちびっこてづくりおもちゃこんてすと」のチラシ。
いっくんは（おかあさんの審査により）「がんばったで賞」を受賞し、副賞のお菓子の詰め合わせをゲットしました

ピンクのレインコートで
うきうきのはるちゃん

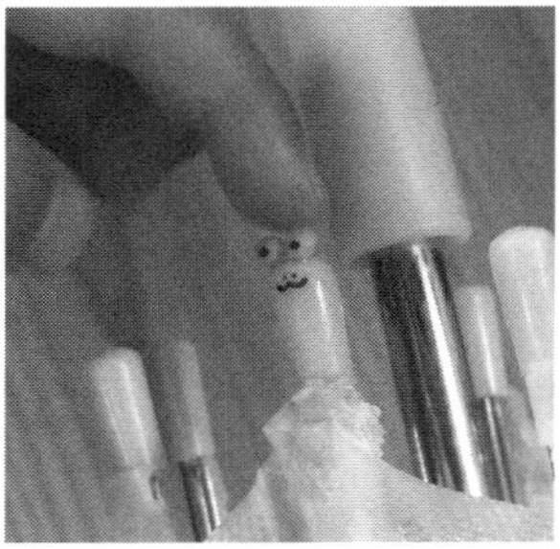

露先をカエルに変えてみました

おかあさんのいちばん忙しい日
夏の恒例行事・幼稚園バザー

いっくん・はるちゃんの卒園した幼稚園では毎年夏にバザーがあり、在園中はもちろん、卒園したあともOBとして参加させてもらいました。前半のページでご紹介した、ミニチュアフードアクセサリーやプラバンアクセサリーを販売したのですが、とにかくたくさん数が必要なので、バザーの1カ月ぐらい前から大忙し。仕事の合間を縫ってちくちくちくちく。いったいどこを目指しているんだ、私。

さて、満を持して迎えたバザー当日。開始早々、私のブースの前には黒山の人だかりが！　手に取って「これはなんですか？」「へぇーすごい！」なんて、いっぱい話しかけてもらえました。しかし……まー売れない。こんなにも売れないものかと（笑）。みなさん、手には取ってくれるんです。でも「着けて歩く勇気がない」と。まあ、さすがにね、一般的なおかあさんたちは「納豆ごはんピアス」を耳に着けませんよね。

一方で、数合わせのために作った、なんてことはないガーゼハンカチとかミニポーチがバンバン売れていって。2回参加してみてやっと、「あ、幼稚園バザーって、こういうものは求められてないんだわ」と学習しました。

私のブース。がんばって大量に作ったのに……

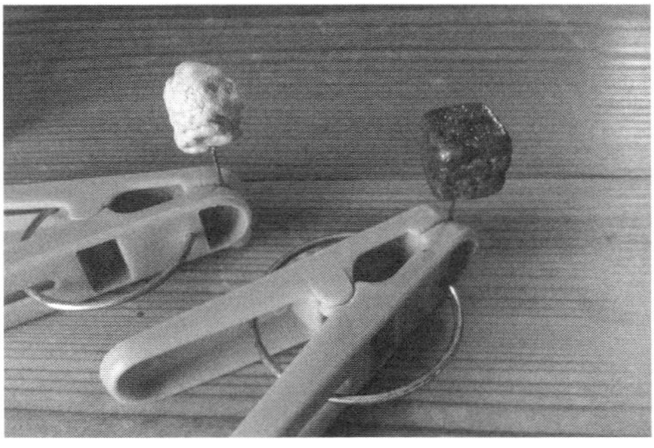
樹脂粘土で作った、カップラーメンに入っている謎肉と乾燥卵をピアスに。売れませんでしたね

子どもたちの夏休み
おかあさんは毎年楽しみでしょうがないのです

ママ友と話していると「もうすぐ夏休み。憂鬱～」という声をよく聞きます。でも私の場合「もうすぐ夏休み。すっごい楽しみ～!!」なんです。だって、子どもたちと1日中いっしょにいられるなんて、こんなに楽しいことはないじゃないですか。

とりあえず、お庭でプール遊びは日課。裏山に虫採りにいったり、いっしょにお菓子や作品を作ったり、スイカ割りしたり、裏山で切ってきた竹を割って流しそうめんしたり、30㎞離れたじいじの家まで自転車で行ってみたり……やることが多すぎて大変です。子どもの夏休み中は日中働かなくなりますね（夜はちゃんと働いてます！）。

自由研究の宿題のテーマをいっしょに考えるのも楽しいものです。「なにしたらいいと思う？」という漠然とした質問はダメですが、「これを調べたいんだけど、どうすればいいかな？」ときたら「じゃあいっしょに考えてみようか」と作戦会議。ちなみに学科の宿題は、いっくんはコツコツやる派、はるちゃんはギリギリまでためちゃう派。「どうしよう～！」と泣きが入ったら、「わかるーその気持ち～。残りがちだよね～」と盛大に共感だけしします。手伝いはしませんが（笑）。

はるちゃん1年生の自由研究「おたまじゃくしのすきなえさしらべ」。「なまのきゃべつ」には興味なしという結果が出た

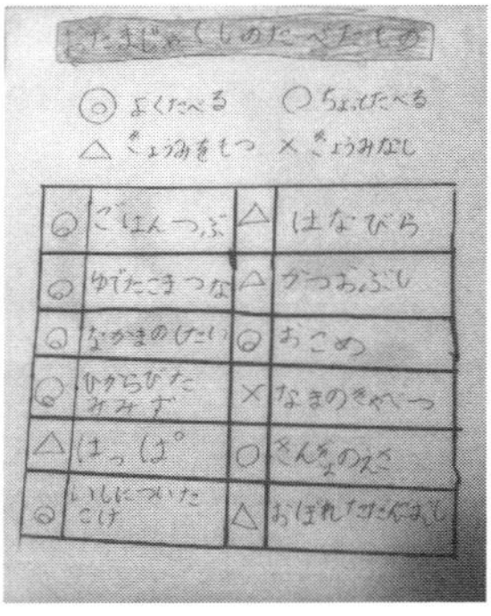

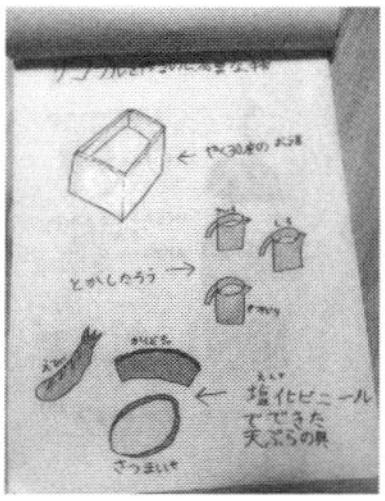

いっくん4年生の自由研究「食品サンプル作り」。天ぷらとレタスのサンプル作りのプロセスが詳細に記録されている

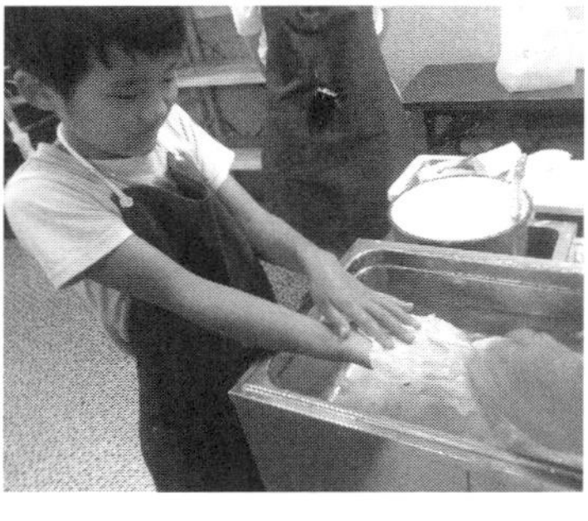

ケガも勉強のうち 子どもの判断力を養いたい

山に川に海にと、元気に遊び回る夏休み、子どもたちにはケガが絶えません。木登りなんかした日にゃぁ、まあ落ちますよね。擦りむきますよね。でも、ケガをすることで学ぶこともあると思っています。「このラインを超えて無茶するとこうなっちゃうよ」というのを体感するのは大事なことだと思うのです。「危ないからなにもやらせない」と親がガードしてしまうと、逆に親が見ていないところでなにかあったときに怖い。もちろん無理させることはないけれど、ある程度の「危険」は経験として必要かなと思います。

子どもが顔にケガをしたとき、普通の絆創膏だと痛々しいので、うちではよく医療用ガーゼに絵を描いて貼っています。これなら「顔にケガしちゃった…」と落ちこんだテンションも、少しは上がるかも。医療用ガーゼにかわいい柄のマステを貼って、ちょっとリメイクするだけでもかわいいです。はるちゃんが2歳のころ、ほっぺに「とびひ」ができてしまったのでハート型に切った医療用ガーゼを貼ってみたら、なんだかふざけているみたいに見えちゃったので、その上からマジックで「とびひ」って事情を書いたら、ママ友にウケました。

裏山で見つけた、脱皮の途中で絶命したセミ。諸行無常…

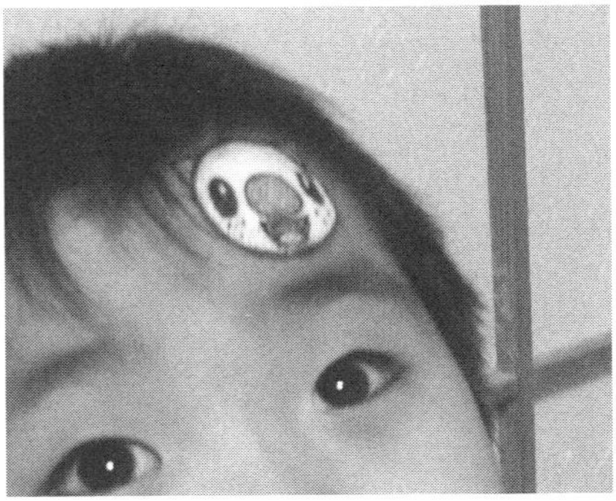

いっくんがおでこにケガしたときに作ったラッコキャラの医療用ガーゼ

「私が飲み終わったら
あなたが流しに」
っていう意味
へへへ

「らくやきマーカー」を使用してをおかあさんが作った「飲み終わるとメッセージが出てくるマグカップ」

どうも、
前川家のおとうさんです

クリエイターとしての妻の印象は、とにかく「貪欲」。尊敬しています。自分も、ものづくりを生業としていますし、なにかを作ることが基本的に好きなので。でもたまに「そこまでやらんでええやろ」みたいなときはありますけどね（笑）。

夫婦ふたりしてフリーランスの在宅勤務ですので、僕は子育ても家事も積極的に参加したいと考えています。どちらかが忙しければどちらかが家事をすればいい。**「飲み終わったら流しに」**っていうマグカップの底のメッセージ（上写真）を読むまでもなく流しに持っていきますよ。というか、いつも思うんだけど、そうやって**書いた張本人がいちばん放ったらかしだよね**（おかあさんのほうを見やりながら）。

うちは、いっくん・はるちゃん・おかあさんをひっくるめて〝一味〟なんです。たとえば、子どもってすぐ暑くなって靴下をその辺にポイと脱ぎ捨てちゃうでしょう。ドーナツみたいに丸まったはるちゃんの靴下がリビングに落ちていて、「こらーっ！」と怒ったら、もうひとつ落ちていて「いっくんもかー‼」と。そうしたらもうひとつ、婦人ものの〝ドーナツ〟が落ちている……。ほかのお宅では奥さんのほうが「ホントうちの旦那は子どもみたいで」と愚痴っておられると聞きますが、うちは逆。〝お子さママ〟ですよ。しかも**上の子じゃなくて真ん中の子**。いっくんがいちばんしっかりしている（笑）。

「だまし料理」（ｐ９５に登場）とかもね。「いやー、またか」って感じなんですけど（笑）、せっかく作ってくれてるし、リアクションしないとやりがいがないだろうから、**一応「わあ！」とか言いますよ**。でもまあ、とにかくいっしょにいて飽きない人です。

はるちゃんは
不動の
末っ子ポジション
ですからね
そこは
「お約束」
ということで…

ちょっとしたロングインタビュー

子どもたちよ
かあさん、毎日真面目にふざけてます

物心ついたころから
ウケたかった

――幼少期はどんな子だったんですか。

「とにかく絵ばっかり描いてたよね」って言われます。だから今、絵を描く仕事をしてるということを久しぶりに会った友達に言うと「だろうね」って。子供のころ兄がちょっと体弱くて、母はそのケアと家業とで大変だったので、私は主に祖母に面倒をみてもらっていたのですが、基本ひとりで遊んでいました。けっして暗いとか引きこもり気質ってわけではなかったんです。絵なり作品なり、作るときはひとりで没頭してやるんだけど、それを誰かに見せたときのリアクションを楽しみに作るんですよ。あとから人とかかわりたいからひとりで黙々と作業する、という。「ウケたい」という気持ちがこのころからすでにありましたね。小学校の授業中に先生の似顔絵にちょっとした台詞をつけたメモを知らん顔してポイと投げて、隣の席の子が広げたときに「ぷっ！」ってなるのがうれしかったりとか。

――テレビっ子だったというお話ですが。

生粋のテレビっ子で、『ドラえもん』『パーマン』『忍者ハットリくん』などの藤子アニメは大好きでした。やっぱり観ていると、パーマンのマスクがほしくなるじゃないですか。それなら作っちゃおうということで、古新聞や半紙の張り子で作ったヘルメットに赤い絵の具を塗ってパー子マスクを自作して。アニメのほかにNHK教育テレビの子ども番組、なかでも『できるかな』は夢中になって観ていました。『できるかな』で観たものはだいたい作ったかもしれません。最初は指示どおりに作ってみて、あとから自分なりのアレンジを加えていくというスタイルでした。ノッポさんの作品ってディテールが凝っているし、人ひとりが乗れる車とか、ちゃんと着られる紙製のドレスとか、大作も多くて。だから「作るなら本気でやれ！」とか「細部にこだわれ！」というスピリットは、完全にノッポ先生の影響です。私の心の師です。

――漫画はなにを読んでいましたか？

アニメで親しんだ藤子作品の原作コミックを、親戚の家で読んだり、あとは『りぼん』ですね。私が小学生のころの『りぼん』はいちばん元気だったんじゃないかな。池野恋先生や岡田あーみん先生がいたし、柊あおい先生、吉住渉先生も。一条ゆかり先生もまだ『有閑倶楽部』を描いてたし。一方で、兄が『少年ジャンプ』を買っていたので、交換して読んでいました。私のなかの少年少女漫画ミックスな

『できるかな』
1970年から1990年までNHK教育テレビ(当時)で放送されていた幼児・児童向けの工作番組。ノッポさんがゴン太くんのために遊び道具を作る様子を映し、テレビの前の子どもたちに身近にあるものを使った工作の楽しさを教える。

『りぼん』
1955年に創刊された集英社発行の少女漫画雑誌。

池野恋
79年にデビューした漫画家。代表作は『ときめきトゥナイト』など。

岡田あーみん
1983年にデビューした漫画家。代表作は『お父さんは心配症』など。

柊あおい
84年にデビューした漫画家。代表作は『星の瞳のシルエット』など。

吉住渉
84年にデビューした漫画家。代表作は『マーマレード・ボーイ』など。

一条ゆかり
70年にデビューした漫画家。代表作は『有閑倶楽部』『砂の城』など。

『夢で逢えたら』
88年から91年までフジテレビ系列で放送されていた深

趣味はこのへんで培われた気がします。

お笑いと〝第二次藤子Fブーム〟にわいた中・高時代

――思春期にはどんなものから影響を？

あいかわらずテレビ好きで、小学校高学年から中学校に上がるころはお笑いが大好きになって。当時はダウンタウンやウッチャンナンチャンのコント番組が充実していましたから。『夢で逢えたら』『ダウンタウンのごっつええ感じ』『ウッチャンナンチャンのやるならやらねば！』あたりは欠かさず観て、学校の教室でコントをひとりで完全再現してみせたりしていました。それを見て友達が笑ってくれるのがうれしくて。ついでに、いらない情報かもしれませんが深夜番組では『ギルガメッシュないと』とか『トゥナイト2』をこっそり観てました。

――家族が寝静まったあとに……それ、男子中学生の生活では。

ですよね（笑）。それでね、高校生のとき、藤子・F・不二雄先生が亡くなったんです。藤子F作品の原作コミックは小さいころから親戚のお兄ちゃんに借りたりして、飛び飛びで読んではいたんですけれど、追悼企画で雑誌の特集が組まれたり、本屋さんでコミック全巻まとめ売りフェアが催されたりで、あらためて読み返してみたんです。『ドラえもん』

夜のコント番組。ダウンタウン、ウッチャンナンチャン、清水ミチコ、野沢直子がレギュラー出演。

『ダウンタウンのごっつええ感じ』 91年から97年までフジテレビ系列で放送されていたダウンタウンの冠コント番組。今田耕司、東野幸治、130R（板尾創路・蔵野孝洋）、YOU、篠原涼子らがレギュラー出演。

『あまいぞ！男吾』 86年から『月刊コロコロコミック』（小学館）にて連載されていたMoo．念平による漫画作品。

はお小づかいを貯めて全巻買いました。続けて読むと本当に面白いんですよ。高校生ぐらいになってから読むとまたいちだんと味わい深くて。ほかのシリーズ作品やSF短編とかにも手を出したらそこからもうズブズブにF先生の作品世界にハマッていって、『ドラえもん』もすっかり原作派になってしまいました。

——とくにハマった藤子F作品は？

その〝第二次藤子Fブーム〟のときに『エスパー魔美』があらためて大好きになってしまったんです。魔美の善行はほとんど報われないんですけど、見返りを求めずに自発的な正義感で立ち回っているところが素晴らしい。それにボーイフレンドの高畑さんが本当に素敵で。はっきり言って推しです。藤子F作品の男性キャラで誰がいちばん好きかと聞かれたら、迷うことなく高畑さんと答えます。高畑さんの名言はたくさんあって、魔美がエスパーなんじゃないかと周囲に疑われたときも高畑さんだけが信じてくれて「理くつじゃないんだよ、人をしんじるってことは。」とか言ったり、魔美が男の先輩にいたずらされそうになったときに助けてくれて、先輩が「冗談にきまってるだろ」と言い逃れようとすると「冗談というのは、みんなでゆかいに笑えることをいうのです。」とビシッと言ってくれたり。そういうグッとくるセリフをさらりと言っちゃう。高畑さんは完全に理系なんですけど、あの、ロジカルでありながら優しい感じがたまらない。

ウケたいから いろいろ作りたい

——高校生からすでに現在の分野を志していたとうかがいました。

高校では美術コースに進んだので、授業がはじまる前に朝早く学校に行って美術室でデッサンの練習をしたりしていたんですが、それはもちろん美術短大に入るためで。いざ短大に入ってしまうと、あまり作品も作らず遊んでたんです。本当だったら在学中こそ大作をいっぱい作るべきなのに。今思えばすごくもったいなかったな。だから、いちばん「なにかを作った」という記憶が多いのは、物心ついてから小学校までのときと、自分の子どもたちのためにものを作るようになったここ10年くらいなんです。やっぱり私の作る作品は、ターゲットが子どもなんでしょうね。思春期から短大、デザイン会社時代は「ものづくり」に対する気持ちがいちばん薄かったかもしれません。

——結婚・出産を経て、今度は子どもにウケるものを作りたいという感情が生まれたと。

いっくんとはるちゃんから、日々お題をもらって

『ウッチャンナンチャンのやるならやらねば！』
90年から93年までフジテレビ系列で放送されていたウッチャンナンチャンの冠バラエティ番組。「ナン魔くん」「約101回目のプロポーズ」などのパロディドラマが人気に。

『ギルガメッシュないと』
91年から98年までテレビ東京系列で放送されていたお色気系深夜バラエティ番組。飯島愛がCM前に「ギルガメ〜ッシュ☆」と言いながらTバックを見せるジングルが話題に。

『トゥナイト2』
94年から2002年までテレビ朝日系列で放送されていたお色気系深夜情報バラエティ番組。乱一世、山本晋也らがレポーターとしてレギュラー出演。

『エスパー魔美』
77年に『マンガくん』（小学館）で連載開始した藤子・F・不二雄の作品。ごく普通の中学生・佐倉魔美が同級生の高畑のサポートを受けながらエスパーとして成長していく物語。

いる感覚です。「こういうのがほしい」と言われれば、「よーし、おかあさんがんばっちゃうぞー」と。とにかく昔から変わっていないのは「人に見せてウケたい」「そのためにいろいろ作りたい」という衝動なのかも。だから子どもができてからは、対象がいっくん・はるちゃんになり、さらにここ数年ではSNSを介してたくさんの人に見て笑ってもらいたいという気持ちになって。要するに自己顕示欲のかたまりですね（笑）。

――椿鬼奴とかブルゾンちえみとかは、もはや子どもウケ云々じゃなくなってますよね。

そのへんはもう、子どももそっちのけになってますけど（笑）。家族以外にも、見てくれて笑ってくれる人がもっといるんだということに気がついて、そっちにもわりと快感を覚えたんでしょうね。

2016年の節分では椿鬼奴タイプの鬼になった

本書制作中の2017年3月時点で最も旬な女芸人・ブルゾンちえみに扮してみた

――イラストレーターをしながら、連載も複数持っていて、子育てと家事と、作品づくりと……いったいどうやって時間をやりくりしてるんですか？　明石家さんまさんみたいに2時間ぐらいしか寝てないんですか？

遊びに全力なぶん、やらなきゃいけないことに手を抜いてるからだと思うんですよ。片づけとか。多少部屋が散らかっていてもいいから子どもと遊びたいというタチなんで……。どちらかというと、おとうさんのほうがマメなので、私の仕事がぎゅうぎゅうになってくると、なにも言わずにごはんを作ってくれたり洗濯してくれたりするので、感謝しています。でもね、このあいだ別のインタビューでおとうさんが「いやー今、妻が忙しいから僕が家事とか全部やってるんですよね」って言ってたんですけど、家事っていうのは排水口のヌメヌメとか換気扇のベタベタとかまでキレイにするとこまでやって「全部」というのですけれどもね。いえ、感謝してるんですけどね。そこらへん私が掃除してることは知ってんのかなーっ。感謝してるんですけど。

「#あま絵」で花開いたSNSライフ

――前川さんといえば、2013年、Twitterの「あま絵」で知った人も多いと思いますが。

本当に『あまちゃん』が大好きで。Twitterに上

『あまちゃん』
宮藤官九郎脚本による2013年度前期・連続テレビ小説（NHK）。東京から岩手県の漁師町に移り住んだ主人公・アキが海女にあこがれ、果ては親友で地元でいちばんの美少女・ユイとともにアイドルを目指す。80年代の音楽シーン、アイドル、漫画、昭和テレビカルチャーなどにまつわるさまざまな小ネタが散りばめられたエンターテインメント性の高い作風が人気を呼び社会現象に。Twitterでは「#あま絵」というタグをつけて「絵師」たちが思い思いのイラストを投稿した。

誰がメガネ会計ババアだ
バカヤロー！

数ある「＃あま絵」のなかでもひときわ異彩を放っていた「漫☆画太郎先生リスペクト・タッチのメガネ会計ババアことかつ枝さん（木野花）」

バナナが杉本哲太演じる大吉の輪郭に見えてきて、気づいたら点刻していた

太巻（古田新太）の太巻きも作った

げるのも、最初のころはドラマを観ての感想とか、好きなシーンを自分の絵で描いているだけだったんですが、ふと、アキちゃんとユイちゃんの関係が『ガラスの仮面』のマヤと亜弓みたいだなと思って、そのタッチで描いてみたら一気にRT数が伸びて。それがはじまりでしたね。ああ、やっぱりみんなが知ってる作品とか、あるあるネタとかを絡ませると反響が大きいんだな、とわかりまして。それからは毎朝、「何タッチで描けるかな」っていうドラマの観かたに変わってしまって。じつはパロディ絵をちゃんと描いたのはあのときが初めてなんですよ。子どものころからいろんな作品の模写はしていたんです。やっぱりてっとり早く巧っぽく描けるのは、真似からなので。『りぼん』や『少年ジャンプ』を、こう、肘で押さえながらチラシの裏に真似して描いたりして。でもその「○○風」のタッチで、キャラクターを「動かす」という経験は、『あまちゃん』のときが初めてでした。

――そこでさらに「ウケる快感」を知ってしまったと。

ふだんから同じようなことを家の中でやってはいるんですよ（笑）、子どもや夫相手に。やっぱりもう一歩踏み込んだことをやってみようという発想に至ったのは、SNSがあったから。不特定多数の方のリアクションをつぶさに感じられるのがおもし

『ガラスの仮面』
76年に『花とゆめ』（白泉社）で連載を開始し今もなお続く美内すずえによる漫画作品。貧しい生まれのヒロイン・北島マヤが元大女優・月影千草に演技の才能を見出され、映画界・演劇界のサラブレッドであるライバル・姫川亜弓と切磋琢磨しあいながら女優として開眼していく。

『笑ゥせぇるすまん』
1969年に連載を開始した藤子不二雄Ⓐによるブラックユーモア漫画『黒イせぇるすまん』を原作とした、89〜92年に放送されたアニメ番組。17年4月から『笑ゥせぇるすまんNEW』と題して新シリーズが放送される。

『魔太郎がくる!!』
72〜75年『週刊少年チャンピオン』（秋田書店）に連載された藤子不二雄Ⓐによるホラー漫画。いじめられっ子の浦見魔太郎が、自分をいじめた者たちを超能力で復讐してまわる。

『ヒョンヒョロ』
71年『S-Fマガジン』増刊

ろいですね。ネットやSNSにも棲み分けがあって、私にとってFacebookは似顔絵師関係や同級生とのつながりがメインの優しい世界で、そのぶんTwitterで自由にやっているところがあります。ブログは一応「ほのぼの育児マンガ」というジャンルなので、あんまりどぎつぃネタはやめておこうかな、とか。そのへんは意識しながら。

——おしゃれSNSのInstagramはどうですか？

仲のいいママ友はみんなおしゃれさんなので、メインで使っているのがInstagramなんですけど、みんなは「今日食べたカフェ・ランチ」とか「新しいネイル」とかを上げてたりするのに、私は椿鬼奴になったりゾンビになったりの写真を上げてるから、次の日学校で会ったりすると「何やってんの～」とか言われてます。このあいだママ友が「『ハットリくん』と『ドラえもん』って同じ作者？」とか言うので「A先生とF先生が」って話をしかけたら、「待って、藤子不二雄って、AからFまでいるの？」って聞かれて。

——6人体制（笑）。

「だから『ドラえもん』や『パーマン』はF先生で、『笑ゥせぇるすまん』や『魔太郎がくる!!』はA先生だってば！　明確に絵柄が違うでしょうが！　世間的には『ファンタジーのF、アナーキーのA』のイメージで通ってるけどじつはF先生も『ヒョンヒョロ』とか『気楽に殺ろうよ』みたいなブラックな作品も描いてて…」って思わず説明しはじめたんですけど、「さっきからなに言ってるか一個もわかんない」って…。あと、別のママ友が「何かおすすめの漫画ある？」って言うので、植田まさし先生の『かりあげクン』のお色気寄りの作品とブラック・ギャグ作品を集めた『かりあげクン PINK&BLACK』っていうのを貸したんですけど、読まずに返ってきました。読んでよ！　まあでも、「さっぱりわかんない」ことをダーッと話し続けるのを面白がって見てくれているみたいなのでいいかなと。「マニアックすぎてウケる～」とか言って。

——もう前川さんは「そういう人だから」と。

そうなんです。幼稚園の仮装パーティーとかでも、「親は仮装してこなくていいんだよ～（笑）」って言われたり。でもいっしょに写真とかいっぱい撮ってもらえたのでよかったです。

来るべきXデー。いっくんの反抗期が来たとき母は…

——今後、お子さんたちと一緒にやってみたいことはありますか？

号（早川書房）に発表された藤子・F・不二雄（発表時は藤子不二雄名義）による読切漫画。マーちゃんの両親はウサギに似た奇妙な生き物から「ヒョンヒョロを差し出さないと息子を誘拐する」と脅迫される。「ヒョンヒョロ」とはいったいなんなのか——恐怖の結末が全国の藤子Fファンを震えあがらせた伝説のSF作品。

『気楽に殺ろうよ』
72年『ビッグコミック』（小学館）に発表された藤子・F・不二雄（発表時は藤子不二雄名義）による読切漫画。ある日、背中に凄まじい痛みをおぼえた主人公・河口は、今いる世界の価値観とまるで違う異世界に入り込んでしまう。苦悶と絶望の果てにその世界に順応してしまった河口は「気楽に殺ろう」と意気込むが……。

『かりあげクン PINK&BLACK』
80年に『漫画アクション』（双葉社）で連載開始し、現在も『週刊大衆』（同社）で連載が続く、お気楽サラリーマン4コマ漫画のなかから、お色気ネタと過激ネタを厳選した特別編集版として15年に発売された。

台風の日には黒いガムテに身を包んで暴風を浴び「T.M.Revolutionごっこ」をするのが習わし

子どもたちがそろそろ大きくなってきたので、合作でなにか大きいものを作ってみたいですね。いっくんはかなりものづくりが好きみたい。彼は今年5年生になるので、口を出さずにのびのびとやらせたほうがいいのか、そろそろ絵の描き方とか道具の使い方の基礎的なことはきちんと教えておいたほうがいいのか、今すごく悩んでいます。ふたりとも小学生になって、なんとなく兄妹それぞれの方向性が見えてきたので、得意分野を伸ばしていけたらいいなあと思ってます。私のクリエイティブな部分はいっくんが引き継いで、「ウケたい」とか「前に出たい」という〝いろもの〟的な部分ははるちゃんが引き継いでいる気がします。でもやっぱりまだ小ちゃい子さんなので、いざ人前に出ると照れてしまうこともあって。「照れちゃダメ！　仮面をかぶりなさい、マヤ！」とアドバイスしています。

――あと数年したらいっくんも中学生ですね。反抗期の心配は？

親バカですいませんが、とても優しい、いい子なんですよ。でも、そろそろ心の準備をしておかなきゃとは思ってます。成長に必要な過程ですものね。もし「ツレの前で声かけんじゃねえぞババア！」とか言うようになったら、「親に向かってなんて口の聞き方ざます!?」っていうのじゃなくて、「反抗期キター！」「あのメルヘンいっくんが、こんなことを言うようになりましたよおとうさん！」みたいなスタンスでいきたいです（笑）。自分のなかでおもしろがれば折り合いがつくかなと。結局反抗してもかわいいいんじゃないかなという気もしますしね。

――反抗期が来たとしても、毎年恒例のオリジナル・キャラクターが乗った誕生日ケーキは作り続けますか？

それはね、むしろ続けてやろうと思いますよ！声変わりしても、「ババア」とか言うようになっても、ガールフレンドを連れてくるような年頃になっても。そのころにはケーキに乗ってるいっくんがニキビ面になってたりしてね（笑）。

（聞き手：佐野華英）

Part 2

前川家の食卓 ～ふだん編～
前川家の食卓 ～ハレの日編～
キャラ弁BESTコレクション
魔が差した料理
子どもたちといっしょに作ろう 1
子どもたちといっしょに作ろう 2
わが家はコスプレ好き
おかあさんのゾンビメイク・クロニクル

ひと手間でテンションUP

前川家の食卓 〜ふだん編〜

おいしいものと楽しいことが大好きな
わが家の食卓はいつもこんな感じです。
ほんのひと手間かけるだけで
子どもたちの笑顔が倍増するから……
てなこと言いつつ、私がいちばん楽しんでます。

黒ごまの餡が入った
“ごま”ちゃん餅

少年と仲良しのゴマフアザラシをごま団子にしてみました。「ねえ、ボク本当に食べられちゃうキュー?」

切ればびっくり
断面が市松模様のケーキ

表面より断面が主役。ナイフを入れた瞬間がいちばん盛り上がる

はるちゃんが作った
うさぎさんとくまさん

手軽で楽しい
どうぶつパン

パーツのつけ方やハサミの入れ方でいろんな動物にアレンジできます

みんな違ってみんないい
ひよこパン

それぞれ表情が違って焼き上がるのが楽しい、そしてかわいい

脱力系スイーツ
のけぞりクッキー

のけぞりながらも全員こちらをガン見しています

手でギュッと形作るだけ
大根おろしで遊ぼう

シシ神を呼ぶ「こだま」たち。
鰹節と青のりで森を表現

よく見る埴輪も、手を頭の上に乗せるとぐっとお調子者感が出る

ホタルイカをしっかと抱えたシマリスくん。醤油で茶色い模様の濃淡をつけました

チキンのお布団に身を投げ出し物憂げな表情の“ごま”ちゃん

**「わー食べるのが
かわいそう」とか言いながら
バクバク食べる
子どもたちです**

火の悪魔
カルシファーが焼いた
あのベーコンエッグ

分厚めのおいしいベーコンが手に入ったときはマルクル気分でこちらを

ピザカッターで簡単に
しましま卵のオムライス

トマトソースの上に
盛りつけて彩りよく

付け合わせ界の未確認生物
宇宙人スパ

ウィンナーにスパゲッティを刺して茹でるだけ。小分けにできてバラつかないのでお弁当にも便利です

転んでもただでは起きない
ひび割れごまかしからのチーズハンバーグ

ハンバーグがひび割れてしまったので、くまさん型に切ったチェダーチーズをのっけてごまかすというライフハック

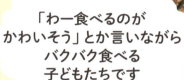

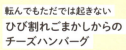

前川家の食卓 〜ふだん編〜

味に関しては
保証の限りではありません。

のけぞりクッキー

プレーン生地とチョコ生地の2色をつなげたクッキー生地を人型で抜いて目と口を爪楊枝で描き、ラップの芯に巻きつけてのけぞらせたままオーブンで焼く。焼きたてはやわらかいので冷めるまでそのままで置いておく

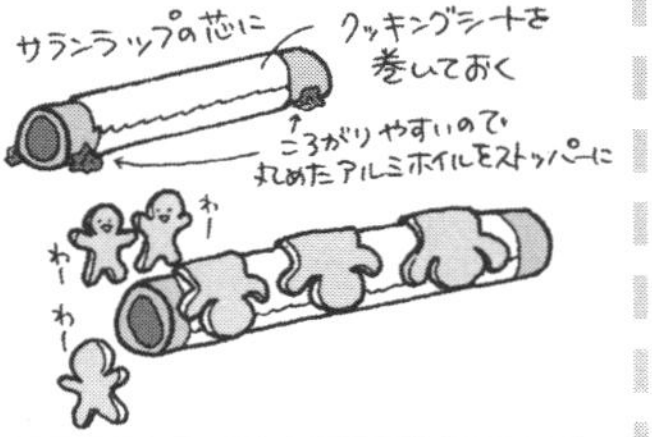

どうぶつパン

耳や鼻などのパーツを顔の土台につけるときは、菜箸などで穴をあけてから埋め込むようにしてくっつける。干しぶどうやチョコチップなどで目をつける

ひよこパン

かぼちゃのマッシュを練り込んだパン生地をスクエア型にぎっしり並べる。目はゴマ、くちばしはコーンで表情をつける。発酵して膨らむのであまりギチギチにするとあとでひよこがかわいそうなことになる

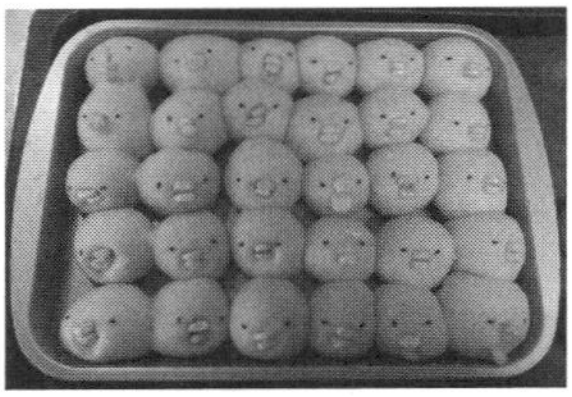

大根おろしで遊ぼう

大根おろしをギュッとしぼって水気を取る。別の皿で形作ってからそーっと料理の上に乗せる。茶色くしたいときは醤油をちょんちょんとつけて色づける。おろし人参を混ぜてオレンジ、ほうれん草ペーストを混ぜて緑にもできる

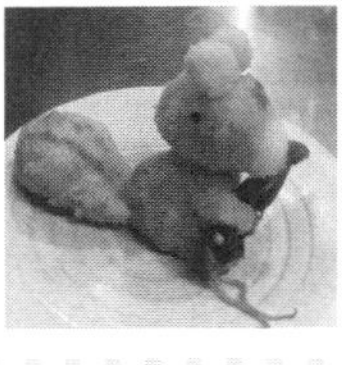

“ごま”ちゃん餅

1 黒すりごま、黒練りごま、はちみつを練ってごま餡を作り、小さく丸めてバットの上に並べ凍らせておく。白玉粉に水を加えて白玉団子の素を作る

2 丸めたごま餡を白玉団子の素でくるみ、アザラシの形にする。茹で上がったら水に取って冷やす

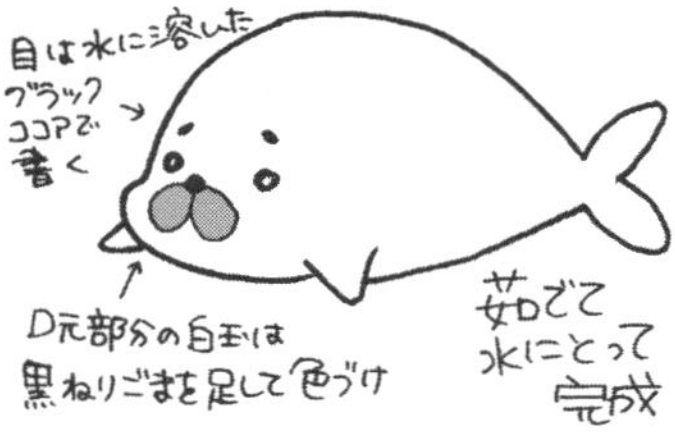

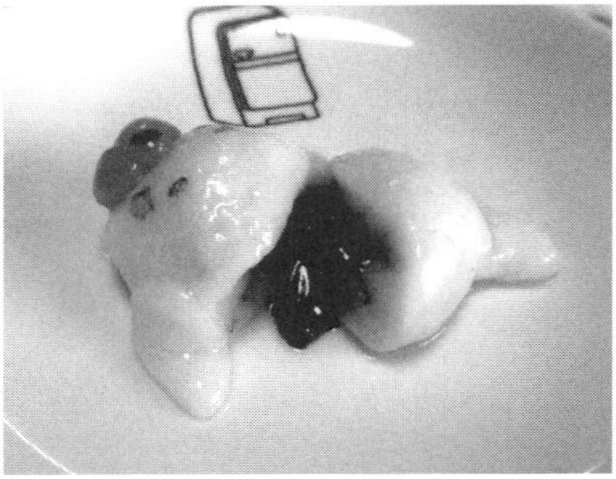
中から黒ごま餡がとろ〜り

しましま卵のオムライス

❶卵を2個用意して、1個分の白身を別に分けておく。1個分の全卵と1個分の黄身を混ぜた卵液で普通に薄焼き卵を作り、フライパンの上でピザカッターで切り込みを入れ、一列おきに取り除く(※フライパンを傷つけないように注意) ❷あいたところに分けて取っておいた白身を流し込んで火を通す ❸お皿にトマトソースを敷いてチキンライスまたはケチャップライスを楕円型に盛りつけ、出来あがったしましま薄焼き卵を上からかぶせる ❹カッターで取り除いた黄色い部分をリボンなどにして飾りつけてもよい

あのベーコンエッグ

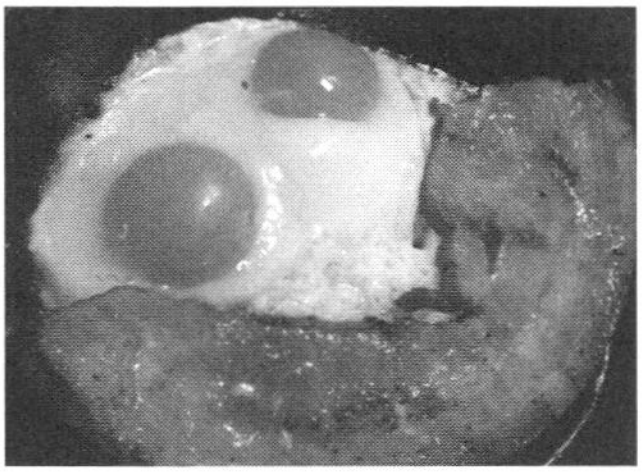

厚切りのベーコンを鉄製のフライパンかスキレットで表面カリカリに焼く。十分にベーコンの脂が出たところに卵を割って目玉焼きを作る。本当はベーコンから作りたいところなので休みの日に暇なら燻製をぜひ

ひび割れごまかしからのチーズハンバーグ

ハンバーグを焼いていてひび割れてしまったときの応急処置。チェダーチーズを型で抜いてハンバーグに乗せる。ちょっとチーズが溶けたくらいのほうがひび割れに馴染むので熱いうちに。ケチャップや海苔などで顔を描くとかわいい

断面が市松模様のケーキ

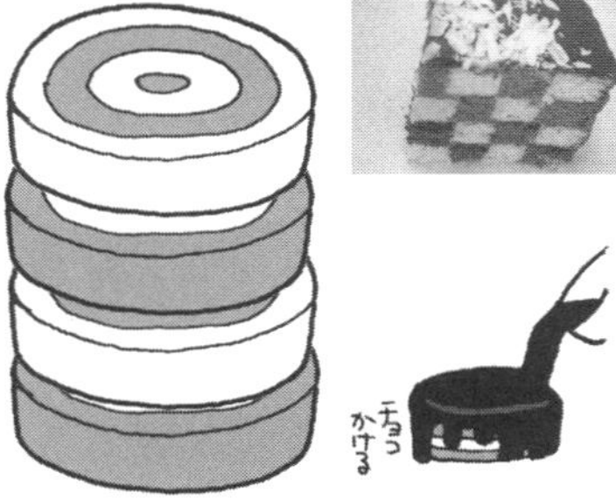

❶プレーンとチョコのスポンジにそれぞれ縦にナイフを入れ、同じ幅の4重の円になるようくりぬく。型紙などを作って当てながら切るとやりやすい ❷くりぬいた生地を交互に組み合わせ、外側から「白・茶・白・茶」になるものと「茶・白・茶・白」になるものを作る ❸②のそれぞれに横からナイフを入れ半分の高さにカットし、計4つのパーツにする ❹4つのパーツの間にジャムやクリームを塗り、色が交互になるように重ねる ❺上からコーティングチョコを流しかける。ムラにならないように一気に!

宇宙人スパ

両端を切り落とし4 ～ 5等分にしたウインナーにスパゲッティ(乾麺)を何本か刺す。刺したまま置いておくとウインナーの水分を吸ってもろくなるので、茹でる直前に準備したほうがよい。そのまま茹でてパスタソースで和える

特別な日はホームメイドで

前川家の食卓 ～ハレの日編～

お祝いごとやパーティーのときは、はりきってしまいます。
子どもたちの誕生日をあと何回お祝いできるのかな…
なんて考えると、できるだけたくさん
思い出を作りたいですからね。

焼きあがるのが待ち遠しい

丸ごと貪欲チキン

丸鶏をそのまんまのローストチキンは、
やっぱり特別感がありますよね

もみの木のカップケーキ

市販のタルト生地に抹茶を混ぜ込んだモンブランクリームを絞って作ったクリスマスツリーのプチケーキ。たくさん並べるとかわいい

夢は大きく

プレゼントを持ったサンタさんケーキ

真っ白いドーム型のクリスマスケーキ、
よく見てみると…

サンタさんが持ってきてくれた
巨大なプレゼント袋なのです

対象年齢3歳～

いっしょに作る ブッシュド・ノエル

木を模したブッシュド・ノエルはワイルド感を出してもイケるので、子どもにデコレーションしてもらっても味わいがあります。市販のロールケーキを使ってもOK

いっくん&はるちゃんのロールケーキ

天板にココア生地で絵を描いてオーブンで焼き、
上からプレーン生地を流し入れてさらに焼きます

名シーンを再現

漫画『西洋骨董洋菓子店』へのリスペクトケーキ

常連客から「ツリーに似てるから」と注文されたクロカンブッシュ。本当はクリスマスでなく結婚式用のケーキなのだけど…。飴がけがポイント

食べきりサイズの小さめブッシュ・ド・ノエル。パウダーシュガーをふりかけたり、ひいらぎのピックを刺したりするだけでぐっとクリスマスっぽくなります

いつにも増して腕が鳴っちゃいます

飛べなくなって落ち込んでいた見習い魔女を励ますために奥さまが作ってくれたチョコレートケーキは、作っても食べても元気が出ます

一度は作ってみたい

『魔女の宅急便』へのオマージュパイ

「あたしこのパイ嫌いなのよね」の台詞でおなじみ、かぼちゃとニシンのパイ。そんなに嫌うこともなく、けっこうおいしかったです

いっくん&はるちゃんのキャラクターが乗った

てづくりバースデーケーキ

毎年子どもたちのお誕生日のお祝いは、どこかしら「てづくり」が入ったケーキで。好きな形に作れるソフトキャンディ「ねりきゃんランド」が大活躍です

チョコペンで絵を描くだけでもワン&オンリーになります

前川家の食卓～ハレの日編～

子どもたちもお手伝い。
作る課程もお楽しみです。

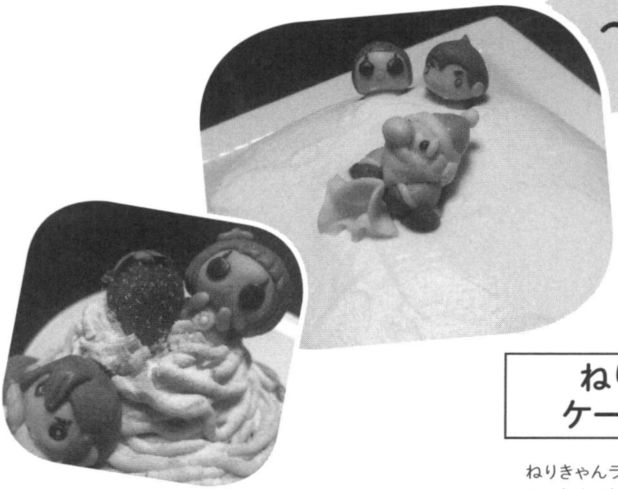

ねりきゃんランドでケーキデコレーション

ねりきゃんらんどはやわらかくなりすぎると整形しにくいので手の熱を定期的に冷やしながら作業する

ねりきゃんランドを作り始める前にしておくべき重要なこと

●手をしっかり洗って消毒もしておく
●全身にコロコロをかける

丸ごと貪欲チキン

1

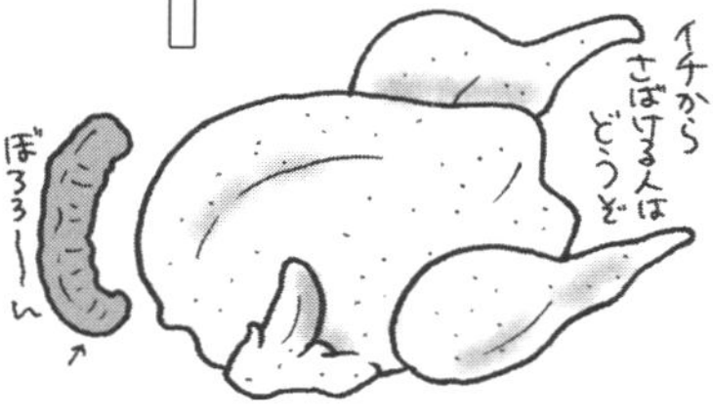

「中抜き」してある丸鶏を買ってきて、尻穴からお腹の中をきれいに水洗いする。首が中に入っていることがあるけど、それも焼いて食べちゃう

2

尻の穴から米や野菜など、お好みの具材を詰めて爪楊枝でとめる。天板に野菜を敷き詰めて焼くと肉汁を吸っておいしい付け合わせになる

かぼちゃとニシンのパイ

冷凍パイ生地を耐熱容器に敷き、底にフォークで穴をあけ、オイル漬けニシンとかぼちゃのマッシュをホワイトソースに混ぜたものを詰める。パイシートで作った魚の飾りの上にブラックオリーブを乗せ、上にかぶせてオーブンで焼く

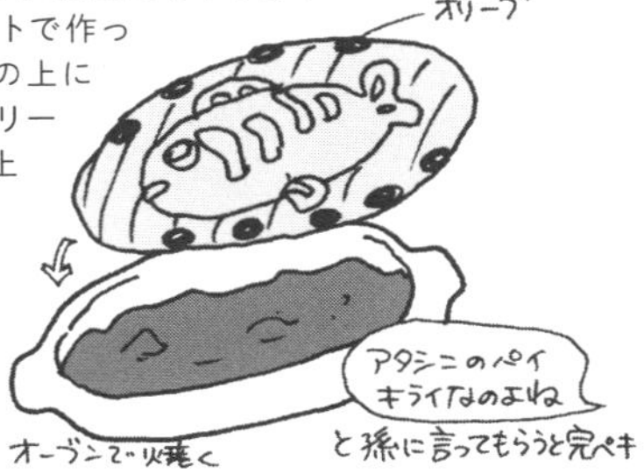

見習い魔女のチョコレートケーキ

スポンジにコーティングチョコを流しかけ、完全に固まる前にチョコペンでキキの絵を描く

ここにいじらしく丸まった丸鶏があるじゃろ。これがこうなって…

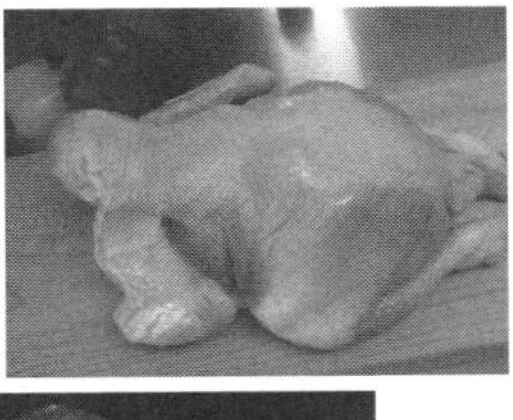

こうじゃ

毎朝が時間との戦いだ!

キャラ弁 BESTコレクション

いっくん&はるちゃんに作ったお弁当。
とってもバタバタな朝だけれど、やってやれないことはない!
…といっても幼稚園が「週3日だけお弁当制」だったから
どうにか実現できたって話です。

1

2

4

3

1 絵本『あかんべ』(キヨノサチコ著　偕成社)の表紙が大好きなんです　2 千葉の人気者。梨汁ブシャーとはなっておりません　3 あまちゃん』が好きすぎて。本当はウニを敷き詰めたかったけど衛生上ほぐし鮭にしました　4 新旧の昆虫モチーフヒーローが大集合の遠足弁当

5

6

5 はるちゃんの「自分キャラ弁」 6 おかあさん世代にはなつかしい星のお姫様 7 飼い猫を探すやつ。これもなつかしい 8 人間の女の子になって足で駆け出せるうれしさで、とびっきりの笑顔

なりゆきで
作り続けることに
なってしまった…

8

7

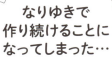

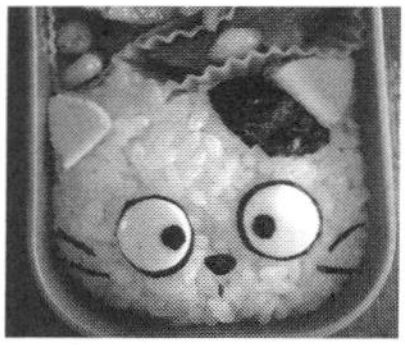

白ご飯の上にスライスチーズを乗せると色が同化してしまうので、間に海苔をはさんで

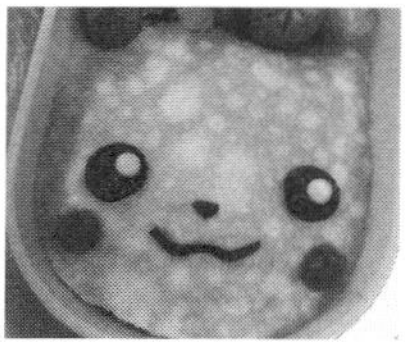

顔の輪郭を形作る時間がない朝は、一面どアップの顔にしてごまかしちゃいます

水色の服を着せたいけど青系の食材はあまりない。そんなときはカップやピックを差し色に

耳などの細かいパーツはごはんで作るのはむずかしい。このときはコーンを使いました

チーズを2枚重ねることでスポンジの穴を表現できました。抜いたチーズはほっぺにも

フォーゼとウィザードは歴代ライダーのなかでもキャラ弁にしやすい貴重な造形であります

いちばん簡単なのはモンスターボール！　丸おにぎりにカニカマと海苔があればできちゃう

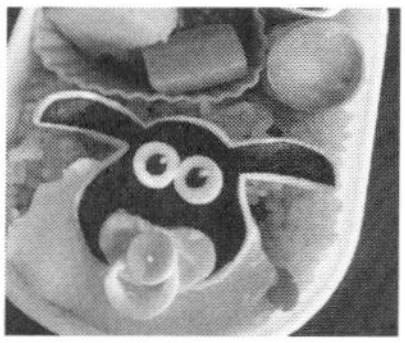

瞳にマヨネーズでちょんとハイライトを入れるだけでぐっと表情がかわいらしくなります

キャラ弁BESTコレクション

海苔・チーズ・ハムは
必須アイテムです！

「ひょうたん型」は実は犬キャラの基本形。アンパンマンのチーズもベースはこの形

毛並の微細な色合いの表現にはとろろ昆布がぴったりでした。「となりのトロロ」なんつって

ガブニャンのキャラ弁はハロウィンにぴったり。左耳の切り込みを忘れないで

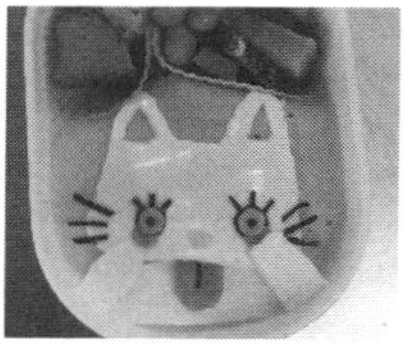

チーズを切るときあえてまっすぐにしないで、原作のびるびるした線を再現しましょう

ジョージの毛皮はハンバーグ。その上にハムを乗せておさるの顔を作ります

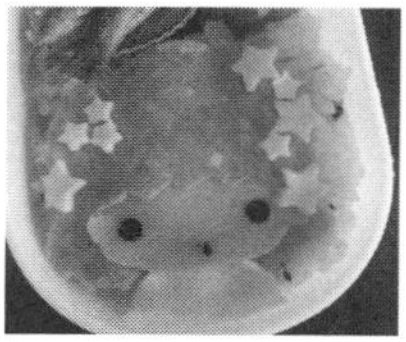

星の子らしく、大小の型で抜いたチェダーチーズの星をキラキラたくさん散りばめて

「北の海女」の文字は細く割いたカニカマではうまくいかなかったのでケチャップで

これはお花見弁当なので、はなかっぱのまわりにもパッカーンと桜をたくさん咲かせました

キャラ弁はじつはもともと「お弁当初日だけの特別」のつもりだった
パンダちゃん弁当
はじめてのお弁当だからはりきっちゃった
おかーさんおべんとうのこさずたべたおいしかったよ！
くまちゃんきんちゃく
ホントー？うれしいなぁ
あしたはらいおんさんがいいな！
え…
キラキラキラ
そのままやめどきを見失って卒園まで続いたって感じ
そしてはるちゃんも入園してお弁当スタートすると
おべんとぷりきゅあがいい
やっぱそーなります？

ハンバーグをおかっぱの形に切りぬいて、中にごはんを詰めてお顔を作ります

機関車ばかりの仲間のなかで異端たるヘリコプターキャラのハロルド。プロペラがポイント

ツンツンヘアーを海苔だけで固定させるのはむずかしいので補強にチーズを貼りつけて

海苔を切り絵のように切りぬいて原作の太い主線を再現。デザインカッターでの作業！

小さめサイズのコロッケをそのままチョッパーのお顔に。衣がちょうど毛皮っぽい

三角おいなりがそのままガラゴのお顔。オレンジ色の大きい瞳はにんじんのグラッセで

元気に大きく開いた口はカニカマ・チーズ・ハムと三重構造にすることで立体的に

パンダキャラは白ごはんと海苔とチーズがあればできるので、材料がない日に助かります

ポニョの髪はココアを混ぜた薄焼き卵。甘くないクレープ生地みたいでおいしいです

こんなん作りましたけど

魔が差した料理

おかあさんの「わるのり」ここに極まれり！
という、ふざけた料理の数々をご紹介します。
ウケると思ってやった。後悔はしていない――

卵は腐ってません。新鮮です

オーマライス

ドロドロに溶けているので自立歩行すらできない

大きければいいってもんじゃない

デカすぎポッキー

長さ的にはうまい棒3本分ぐらい。大は小を兼ねない

かと思えば小さすぎポッキーの食玩も作ったりして

末はメテオかヘラクレスか

幼虫カール

インスタントコーヒーの瓶に入れると土の中にいるようで幼虫感が増す

すべてを破壊して進む

オームライス

目が赤いので怒っています。非常に攻撃的になっています

なぜこうなった

ムンクの叫びパン

本当はパンダ食パンが作りたかったんだけどな。おかしいな

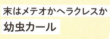

一時期マイブーム

点刻バナナ

砂かけ婆だと「刻んだ」というより「浮き出てきた」感が強い

子どものお弁当に持たせる場合はちゃんとネタをあわせます

断面図。ケーキだから味は問題ない

ちゃんとおいしい

焼きそばショートケーキ

衝撃の味という噂の「一平ちゃんショートケーキ味」にインスパイアされて作りました

おとうさんのための

だまし料理

エイプリルフールでも、なんでもない日でも、
気が向いたときに
お父さんにいたずらしています

「梨だよ」と言って食べさせた生の大根

「流行りの水信玄餅だよ」と言って食べさせたまったく味のないただの水のゼリー

「桜あんぱん焼いてみた」と言って食べさせたが

中身はひじき煮

「アセロラゼリーだよ」と言って食べさせた紅しょうがのつけ汁を寒天で固めたやつ

「新スイーツの生マシュマロだって」と言って食べさせたはんぺん

**薄々わかってても
ノッてくれる おとうさん、
優しいね（泣）**

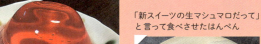

魔が差した料理

味さえおいしければ
問題ないじゃない。

幼虫カール

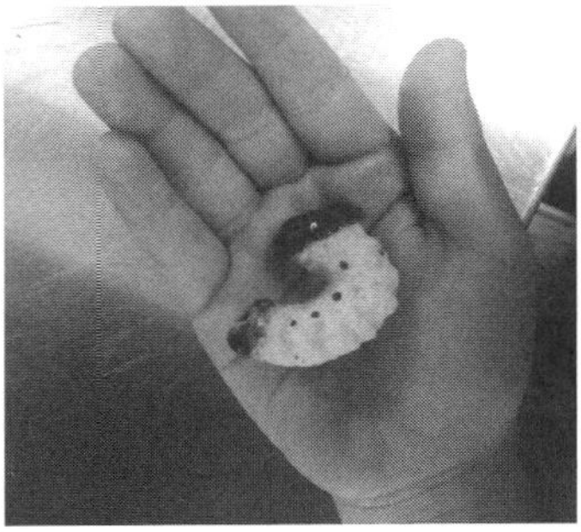

❶限定フレーバーなどの白いカールを買ってくる
❷溶かしたチョコをカールの先につけて、側面にもつまようじで点々の模様をつける
❸なんの説明もせずに相手の手のひらに乗せるなどして反応を楽しむ

オームライス

1

卵・ほうれん草・生クリームをフードプロセッサーにかけて緑色の卵液を作り塩コショウで味付けする。緑色の薄焼き卵を作る。焦げないよう、気泡ができないように弱火でじっくり

2

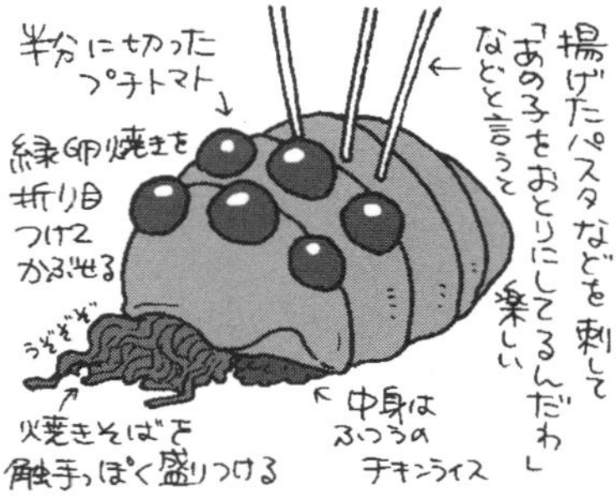

デカすぎポッキー

❶グリッシーニ（イタリアの固いパン）を作るか買ってくる
❷持つ部分を残して、溶かしチョコを流しかける
❸砕いたアーモンドをくっつければアーモンドクラッシュポッキー
❹チョコをつけなければプリッツ（いやチョコなかったらグリッシーニか）

小さすぎポッキー

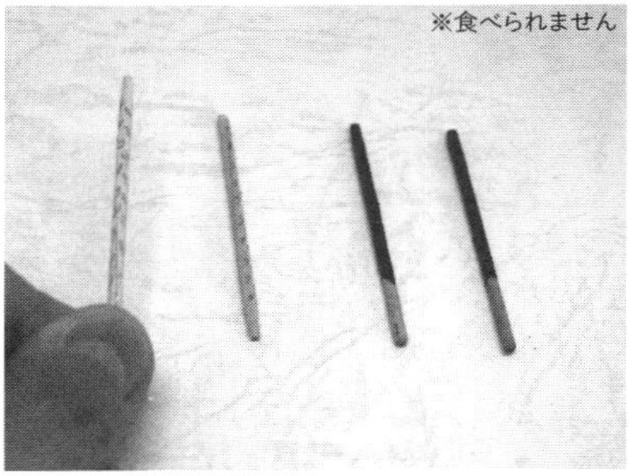

❶つまようじの両端をカッターで切る
❷ポッキーは木工用ボンドとこげ茶色の絵の具を混ぜて持つところを残してチョコソースに見立てて塗る
❸プリッツは茶色の色鉛筆で焼色の模様をつける
❹シルバニアファミリーの人形に持たせるなどして楽しむ。人形目線だと「デカすぎポッキー」になる

オーマライス

生クリームとトマトピューレを加えた卵液でとろとろオムレツを作り、こんもり盛ったチキンライスにかけて「早すぎたんだ…!」感を出す

ムンクの叫びパン

プレーンのパン生地と、ココアを混ぜた茶色い生地、紫芋パウダーを混ぜたピンクの生地の3種類を用意する。パンダの食パンをイメージしながら金太郎飴の要領で食パン型に生地を詰める。焼きあがるとムンクの叫びっぽいのができあがっている

焼きそばのショートケーキ

薄い四角に切ったケーキスポンジの上に、さつま芋のピューレと生クリームを合わせたものを細く絞り麺っぽくする。ドライ苺、角切りリンゴ、チョコレートスプレーをトッピングし、上からマヨネーズに見立てたホイップクリームをちゅーっと絞る

点刻バナナ

火であぶって消毒した安全ピンでバナナをつんつんつついたりして傷をつけて絵を描く

おかあさんも童心にかえって

子どもたちといっしょに作ろう 1

わが家ではおなじみとなっている、
おかあさんと子どもたちとのコラボレーション制作。
「これは、いっくんの」「これは、はるちゃんの」って
ひと目見てパッとわかるものはうれしいし
特別な存在になります。

ひっくり返すとき
ドキドキわくわく!

おとうさんへのドッキリにも活用。「カステラ」って書いたホットケーキ（いや、ドッキリもなにも…）

子どもも大人も夢中

おえかきホットケーキ

焦げ目で好きな絵や字を描きます。
単純だけどこれがなかなか楽しい

パーティーにも最適

アイシング・クッキーでぬり絵

おかあさんが輪郭を描き、子どもたちがぬり絵感覚で塗っていきます

左2つがいっくん作、右2つがはるちゃん作の妖怪猫たち

子どもの描いた絵で刺繍する

幼稚園かばん

いっくんの自画像を刺繍に起こしました

いっくん

黄色が目に鮮やかないっくんのかばん。2年間毎日通園に使ったのでかなり年季が入ってます

はるちゃん

入園前に第1号かばんを作ったのですが、ものが入りきらなくなって年長さんで作り直しました。第一号はウェストポーチにリメイク。ティッシュとハンカチが入れられます

はるちゃんVer.はマルチカラーのストライプで。こちらも自分を描いてもらいました

入園前に描いた絵より、ツインテールになって女子力が上がっている

子どもたちといっしょに作ろう 1

子どもとの共同作業で
完成度は二の次。
いっしょに作る過程を楽しみましょう。
つたない出来もまたよしです。

アイシング・クッキーでぬり絵

1 型抜きクッキーにかためのアイシングで主線だけを描く

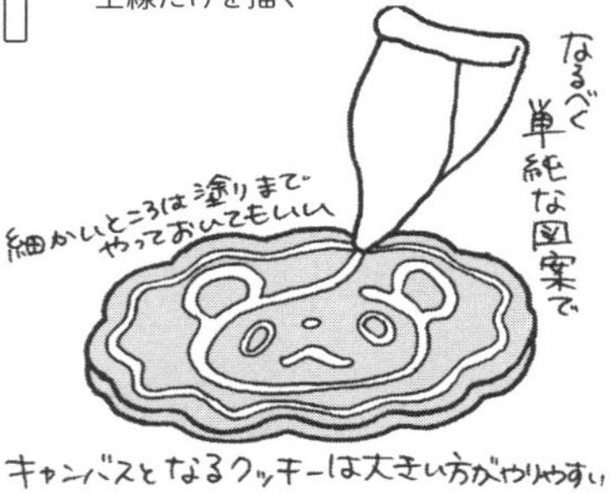
なるべく単純な図案で
細かいところは塗りまでやっておいてもいい
キャンバスとなるクッキーは大きい方がやりやすい

2

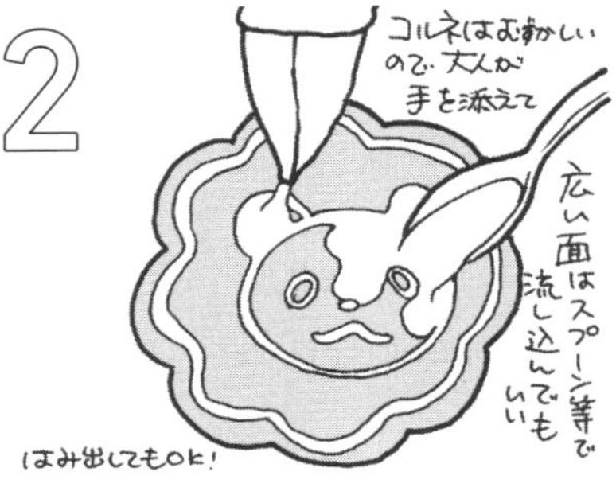
コルネはむずかしいので大人が手を添えて
広い面はスプーン等で流し込んでもいい
はみ出してもOK!

ゆるめにしたアイシングで子どもに色の部分を塗ってもらう

HARU
1

おえかきホットケーキ

1 クッキングシートを円錐状にしてテープでとめて絞り袋を作り、ゆるめに作った生地を入れて先っぽを切り、鉄板に絵を描く。フライパンよりもホットプレートのほうが温度調節がしやすい

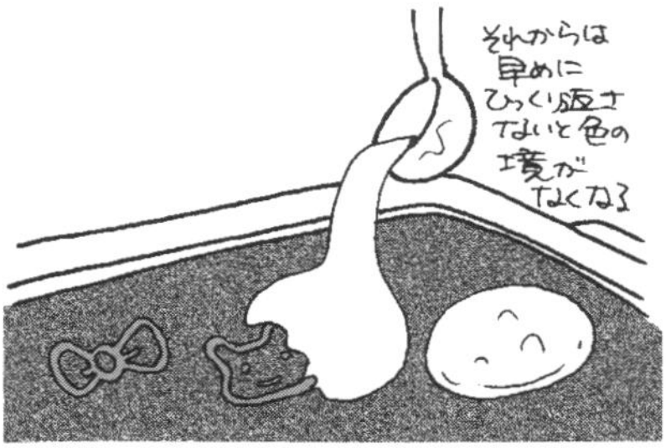
それからは早めにひっくり返さないと色の境がなくなる

2 絵の部分に焼き色がついてきたら、上からさらに生地を流す。しばらくしたらひっくりかえし裏面も焼く

カステラ

ひみつのメッセージを書いてわたそう!

子どもたちの絵の
通園バッグを持っていると
ママさんたちにたくさん
声をかけてもらえる
これ いっくんの 絵？
手作りなのー？
作り方を聞かれる
こともよくある
わー どうなってるの？
これ子どもの絵を
そのまま刺繍しててー
えっ お子さん
刺繍できるの!?
て、天才!?
なわけないじゃない

子どもの描いた絵で刺繍する幼稚園かばん

1 子どもが描いた絵をコピーして布地にチャコペーパーで写す

図面
チャコペーパー
布地
シャーペンや
ボールペンでなぞる

2 主線はバックステッチで刺繍する。残りの部分は布フェルトを縫いつけるか羊毛を刺しつける

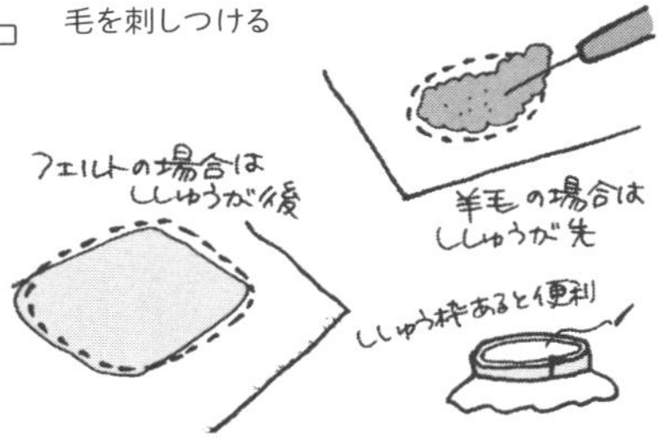
フェルトの場合は
ししゅうが後
羊毛の場合は
ししゅうが先
ししゅう枠あると便利

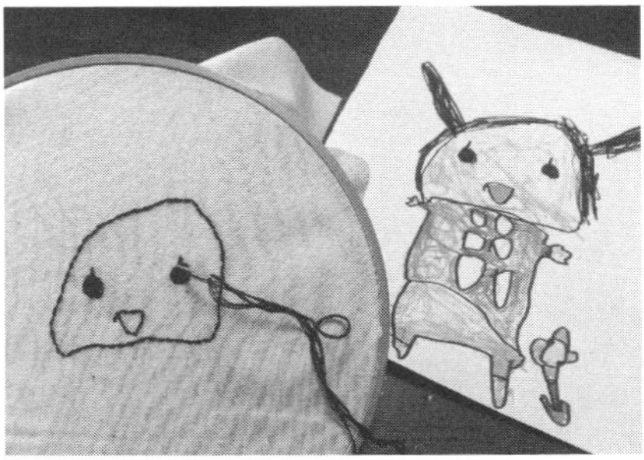

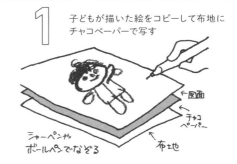

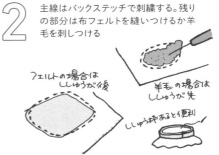

お手製カードはとびきりのプレゼント

子どもたちといっしょに作ろう2

なんでもメールやLINEで済ませてしまいがちだから
手書きのカードはとてもうれしい。
ましてや手作りだったらもっとうれしい。
おとうさん、はるちゃんからのカードを削りながら
ウルウルしていました（笑）。

ほんと言うと、おかあさんが
ミシン目カッターを
使ってみたくて
思いついた作品なんだ…

クリスマスのお楽しみ

てづくりアドヴェント・カード

25日を心待ちにしながら1日ごとに日付の窓を開けていくと、家族4人が順番に現れて、最後にサンタさん登場！

無心でキュッキュキュッキュ

泥だんご

キットに入っていた染料に加えて水彩絵具を乾かして粉にしたものを混ぜてみたら、惑星みたいなきれいな色に仕上がりました

ナイショの伝言

スクラッチ・メッセージカード

ワークショップで習った作り方に、私なりの改良を加えて作ってみました。照れくさくて面と向かっては言えないことも、スクラッチカードに託せば言えるかも

いっくんプレゼンツ

牛乳パックで作る指輪ケース

いっくんの原案におかあさんのアイデアを加えた指輪ケース。幼稚園のとき、いっくんの女の子のお友だちにあげたものですが、傑作だったのでもう一度作ってみました。銀紙で作った指輪が入っています。いっくん、幼児期はプレイボーイだったのです

子どもたちといっしょに作ろう 2

アドヴェント・カードの
ミシン目を破るときの
ペリペリ音が快感！

牛乳パックで作る指輪ケース

❶牛乳パックの底を利用して箱を作る
❷フタになる部分の面は底辺と同じ長さ+折り返し分を残して切る

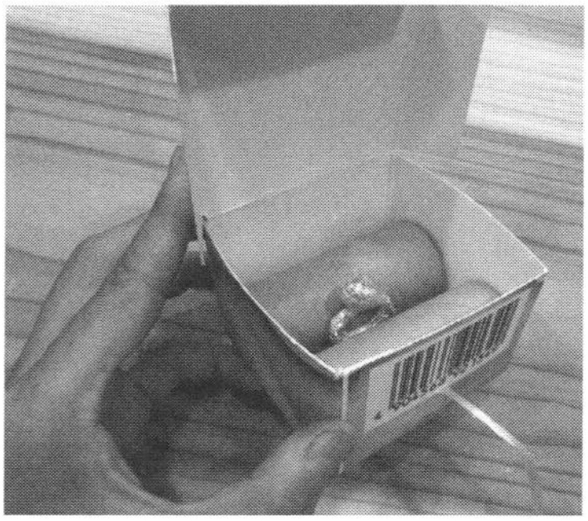

❸折り紙や画用紙でまわりをカバーして牛乳パックっぽさを隠す
❹動物の耳をつけ、目・鼻をクレヨンで描く。うさぎのほかに熊、猫などにもアレンジ可
❺トイレットペーパーの芯を半分にカットして中に並べる
❻アルミホイルとチョコの包みで作った指輪をセットする

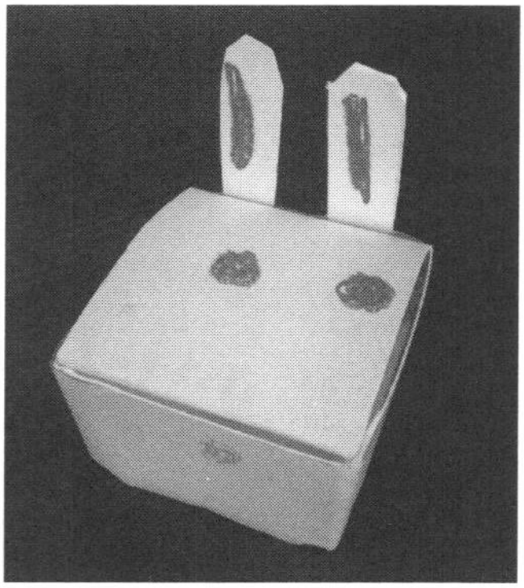

てづくりアドヴェント・カード

1

画用紙を2枚重ね、上の画用紙の窓にしたい部分を目打ちでマークする

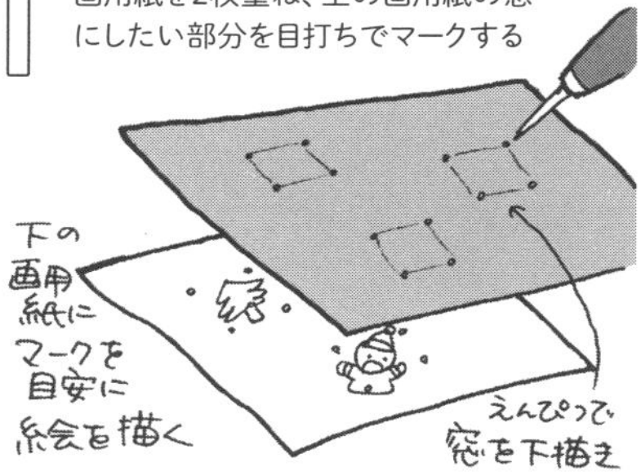

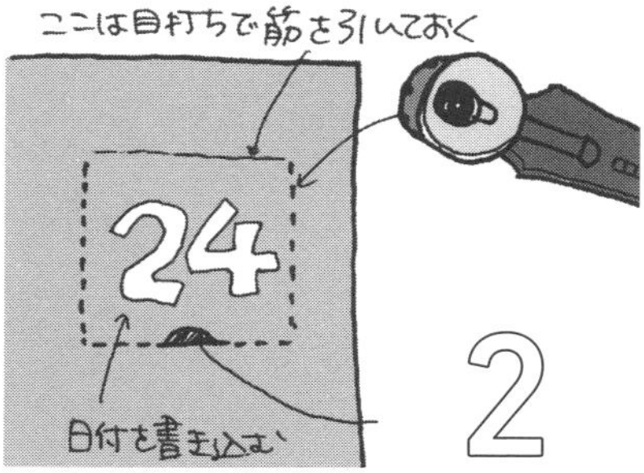

2

ミシン目カッターで窓に切り込みを入れる

スクラッチ・メッセージカード

1 アクリル絵の具と台所用洗剤を同量ずつ混ぜておく。子どもに画用紙にメッセージを書いてもらう

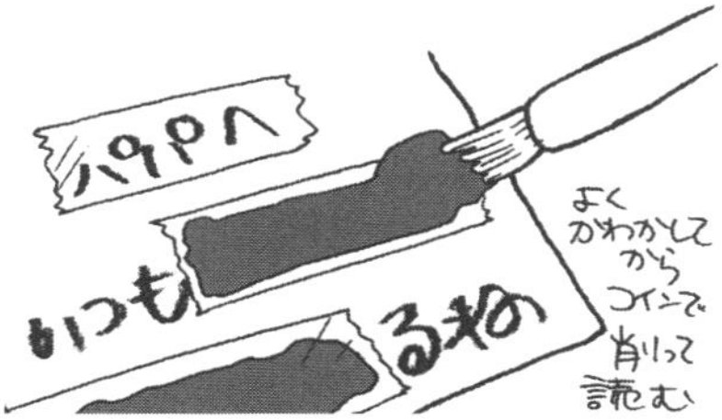
パパへ
いつも
るね
よくかわかしてからコインで削って読む

2 隠したいメッセージのところに透明のテープを貼って、その上から絵の具を塗って読めなくする

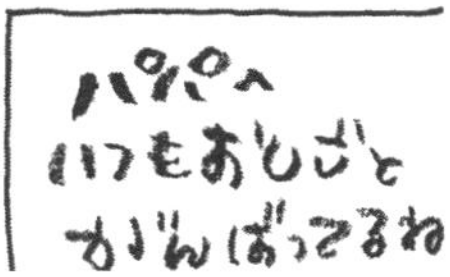
パパへ
いつもおしごとがんばってるね

泥だんご

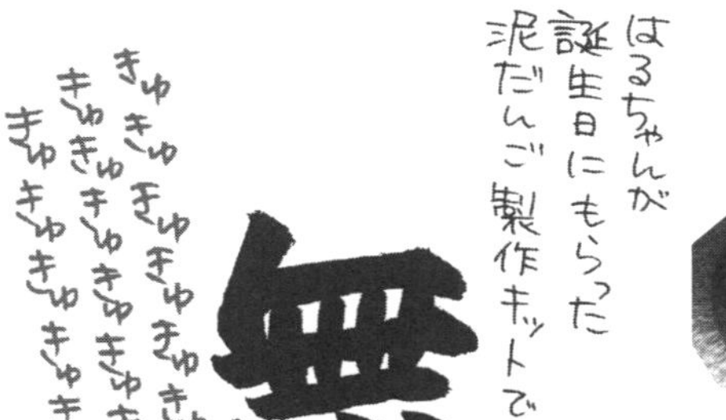
はるちゃんが誕生日にもらった泥だんご製作キットで
無心

はるちゃんの日課
泥だんご仕上げ用のサラ砂を作るだけの簡単なお仕事
トントントン
サラサラ
サラ

❶市販の泥だんごキットに入っている土、染料、水を説明書どおりに混ぜて固め（わが家はここで水彩絵具を乾かして粉にしたものを混ぜました）、転がしながら丸く整形する
❷修行僧の心持ちで、ひたすら球をさら砂で磨き続ける

事前に用意しておいたものがこちら、はるちゃん特製のさら砂になります

自己顕示欲上等

わが家は コスプレ好き

ハロウィーンや地域のお祭など、仮装をする機会があれば
これまた全力でやってしまいます。
おかあさんに似て楽しいこと・目立つことが
大好きなはるちゃんは
将来有望なコスプレイヤーのようです。

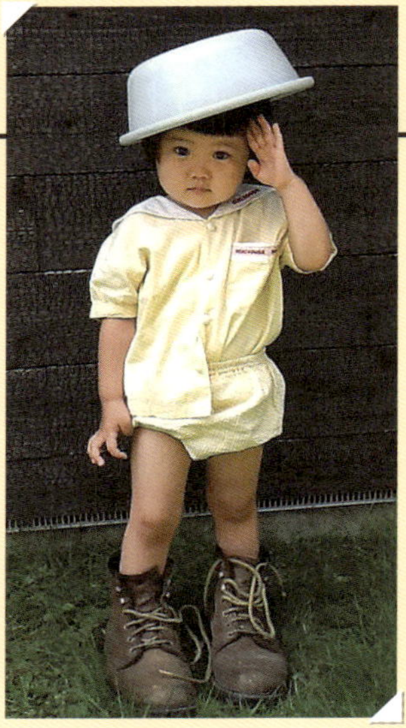

なんで蛍すぐ死んでしまうん？

妹

刈り上げ期（3歳時）のはるちゃんのあだ名はもっぱら「節子」。しかし8月にこの絵面を見るだけで脊髄反射的に泣いてしまいますわ……おぉ（嗚咽）

おらたち、熱いよね！

朝ドラのヒロイン

「あまちゃんになりたい」とはるちゃんが言うのでオープニングの雰囲気だけでも…と思って作った画像。ジャンプしているように見えますが、寝転んでます

一瞬不機嫌になったりもしたけれど、
私はげんきです。

見習い魔女と発明少年

幼稚園の秋祭に兄妹でこのコスプレで赴いたら、いっくんウォーリーに間違えられる、はるちゃんキキが他にも10人ほどいて不機嫌になる、という予想外の展開が待ち受けておりました

飲み干して「ぷはーー！」
ってやつもやってみた

幼稚園のスモックをリメイク

清涼飲料水のCMのあの子

似てる似てると言われるので、幼稚園の遊び着に緑のアップリケと足し布をしてダカラちゃんコスプレしてみました

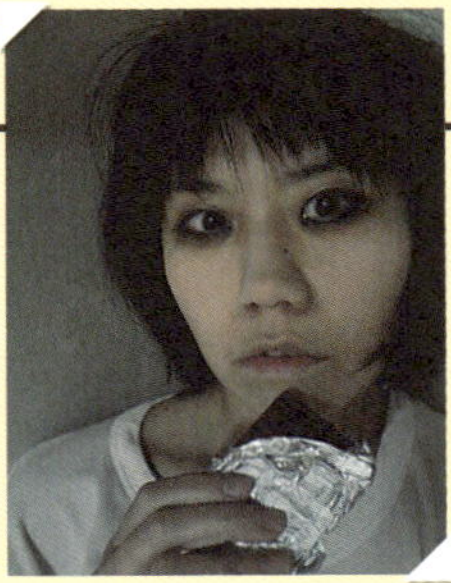

最後の切り札…

おかあさんはL

バレンタインだったので、チョコレートを食べている印象の強いキャラクターのコスプレをしてみました

背中のひもを引っぱるとしゃべるよ

“おもちゃの話”の
カウガール人形

ウッディコスのパパさんとパシャリ。ジェシーはおしゃべり人形なので背中のリングを引っぱると「ヨロレイヒー」とか「ヒーハー」とかしゃべります。私が

0歳のときから
コスプレやってますので
慣れたもんです、ええ

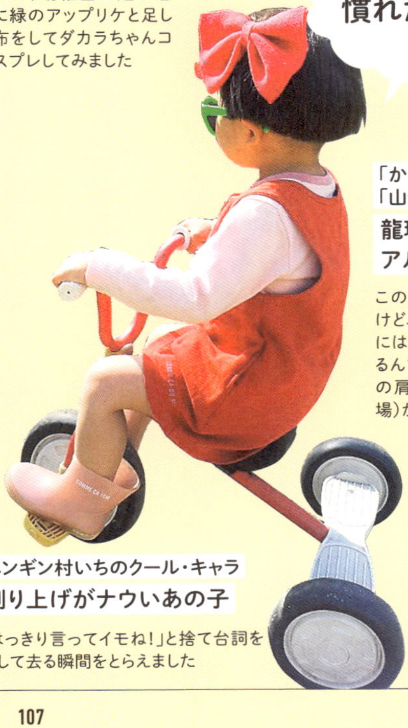

ペンギン村いちのクール・キャラ

刈り上げがナウいあの子

「はっきり言ってイモね！」と捨て台詞を残して去る瞬間をとらえました

「か…め…は…め…」
「山が燃えているわ…」

龍球集めヒーローと
アルプスの少女

このショットだと見えにくいけど、いっくんの悟空ズボンにはちゃんとしっぽがついてるんです。はるちゃんハイジの肩には青い鳥（p19に登場）が乗ってます

わが家はコスプレ好き

ママ友に「これって手作り?」と気づいてもらえるのもまたうれし。

見習い魔女と発明少年

トンボは赤白ボーダー・メガネというアイテム以上に「キキの隣にいる」というのが重要なアイデンティティー

清涼飲料水のCMのあの子

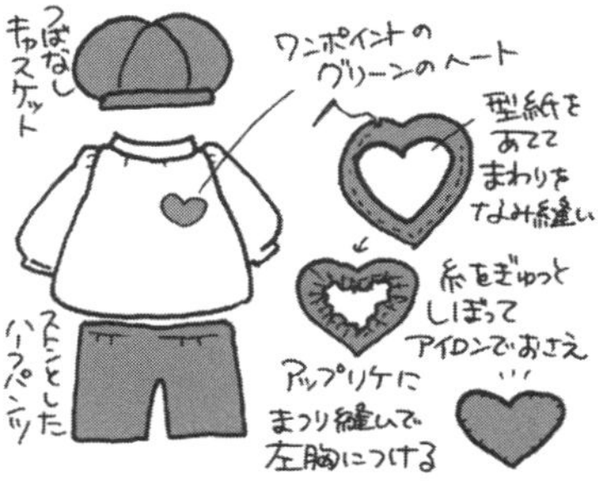

CM動画をくりかえし見て帽子からズボンまで完全再現にこだわった自信作。パフスリーブは何度も作り直しました

カウガール人形の背中のひものしくみ

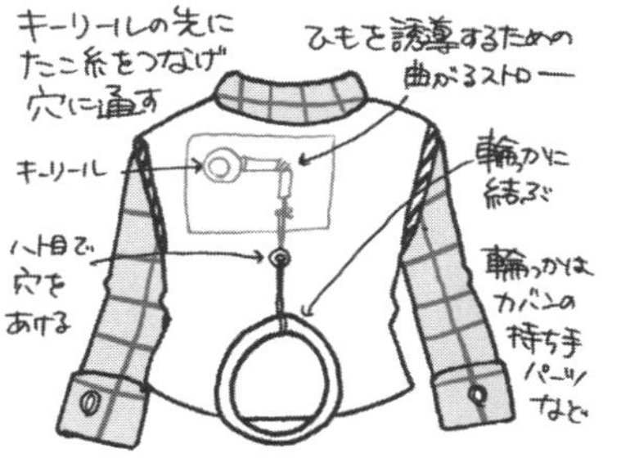

やはり背中のリングはただぶらさがっているだけでなく、引っぱると戻るギミックを仕込みたかった

幼稚園の仮装パーティー
はるちゃんは本人の希望でグリーンダカラちゃん
仮装パーティー1カ月前
とりあえずダカラちゃん衣装を作る
ダダダダダ
私はなんの仮装をしようかな？
まだ決めてないんだけどダカラちゃんにそろえたい
同じ幼稚園のママ友とおしゃべり
麦茶のムギちゃんは？
そっちがサイズ的にはるちゃんでしょ！
じゃあDAKARAのペットボトルやれば？
わくわく
GREEN DAKARA
いやだよ
素材の見当もつかないし

龍球集めヒーローのしっぽ付きズボン

サイヤ人のように腰にしっぽを巻きつけることもできます。弱点なので握られたらへなへな…となるのがお約束

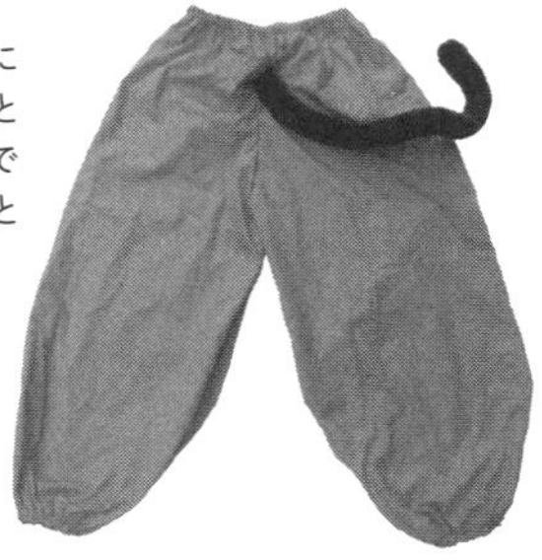

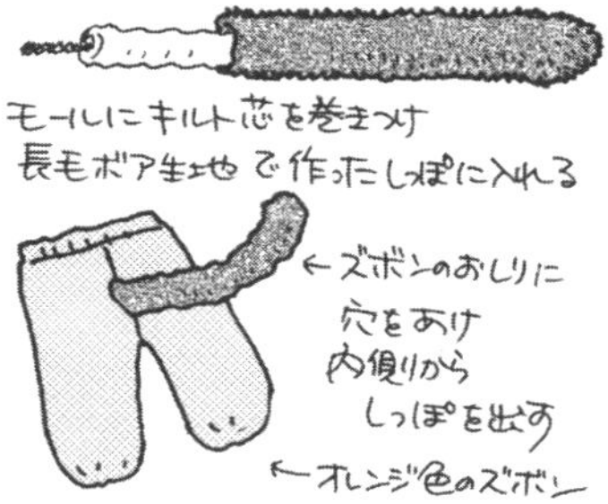
モールにキルト芯を巻きつけ
長毛ボア生地で作ったしっぽに入れる
←ズボンのおしりに
穴をあけ
内側から
しっぽを出す
←オレンジ色のズボン

ハイジ

アニメ版ハイジに寄せるため、ほっぺにチークでまんまるく赤みを入れます。パニエを仕込むのはけっこう重要

腰より高い位置で
布を切り換えた
ワンピース
スカートをふんわりと
ひろげる為に
中に着るパニエは
台所用の水切りネットを
輪にしたゴムに結んで作る

本気度100%
おかあさんのゾンビメイク・クロニクル

2013年からなぜか本格化し、
毎年無駄にレベルアップしている
おかあさんのハロウィン・ゾンビメイク。
いっくんにドン引きされても、
はるちゃんにギャン泣きされてもやめないのです！
そしてこれからも続くのです!!

見よ！はるちゃんの本気で嫌がる顔を

2013年

はるちゃんの目線が遠くにいっちゃってます。「早く時間が過ぎればいいのに」とか思ってるんでしょうか

ヒース・レジャーにあこがれて

2014年

『ダークナイト』のジョーカーごっこ。髪の毛はカツラ、顔の白粉はベビーパウダーをはたいています

ジッパー・メイクのテクを身につけた

2015年

よりインパクトのあるものを、と傷口にジッパーを導入！
境目をなじませるのに苦心しました。

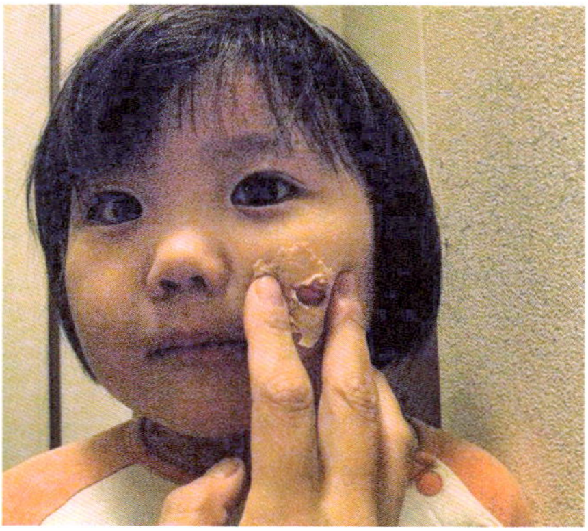

はるちゃんにもつけてみた…

2013年

創傷部分はティッシュなどを糊で固めて作っているのでそのまま剥がせる。ほっぺに貼ればお手軽ゾンビ。自分も参加するとなれば意外とまんざらでもない様子でした

スカーフェイスの「ただれ具合」に磨きがかかってきました

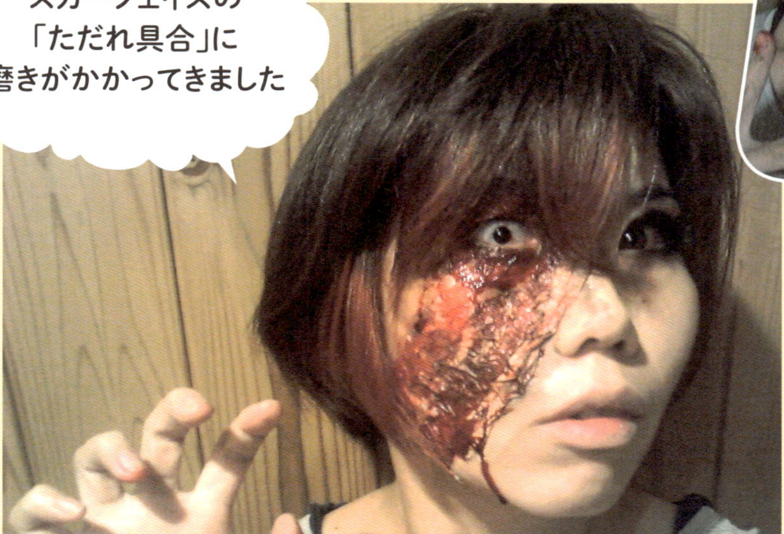

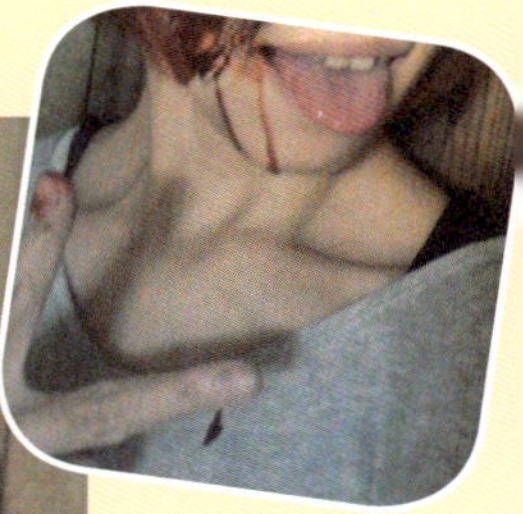

シズル感にこだわるあまり血のりがTシャツにしたたり、ゾンビメイクしたまますごすごと洗面所で部分洗いしました

幽☆遊☆白書の躯を目指して途中であきらめた

2016年

三白眼コンタクトレンズを導入。今まで顔全体をゾンビっぽくしていたのを、半面はふつうメイクでギャップを出してみた

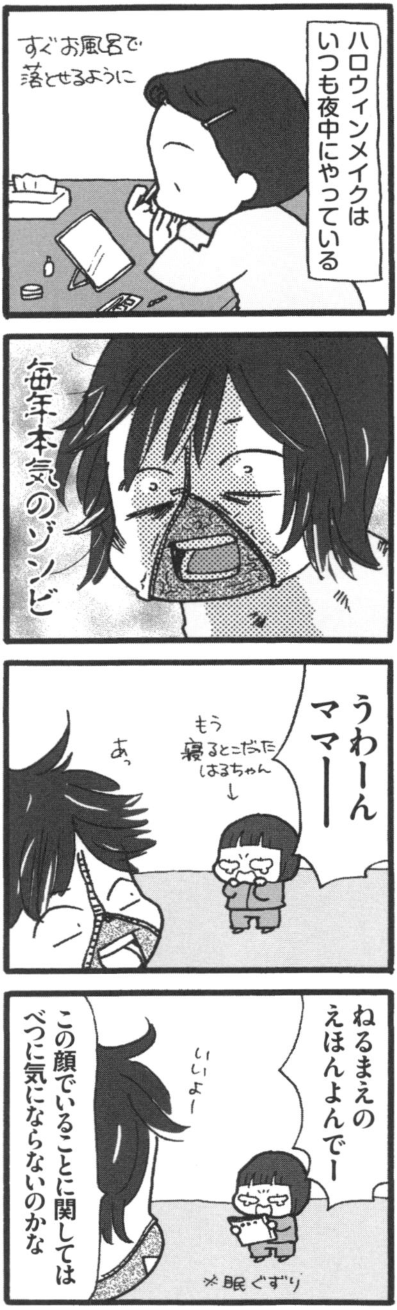

おかあさんの ゾンビメイク

え？　このレシピはいらない？
どうしてもゾンビにならなきゃ
いけないとき役に立ちますよ？

1

2

3

前川家の歳時記

秋

台風の季節に
いっくんの誕生日がやってくる

楽しかった夏休みが終わると、台風が秋を運んできます。さすがに看板が飛んでくるほどの暴風雨のなか外に出ては危険ですが、台風の終わりかけの、風だけがビュンビュン吹いている瞬間が大好きです。なにしろ「自然の力で起こる非日常」ですからね。それはもう、じっとしていられない。近くの公園に出かけて「風集め」のチャンスです。凧揚げもいいですね。はるちゃんはＭＶに出演している気分で風とコラボレーションしたダンスを披露します。あ、「さすがに危険」と言いましたが、おかあさんだけ暴風雨のなか庭に出てT.M.Revolutionごっこをしてしまう癖があることを告白しておきます。

台風と前後して、いっくんの誕生日がやってきます。秋の小春日和のようにおだやかないっくん。これから実り多い人生を歩んでくれるといいなあ。いっくんの10歳の誕生日にはるちゃんが、いっくんが好きなアニメの原作漫画をお小づかいで買ってプレゼントしていました。ついでにちゃっかり自分の本も買っていたけど。いっくんもはるちゃんの誕生日に内緒で三角帽子を作ったりして、ふたりともお互いの誕生日になにかしてあげたいという気持ちが大きいようです。

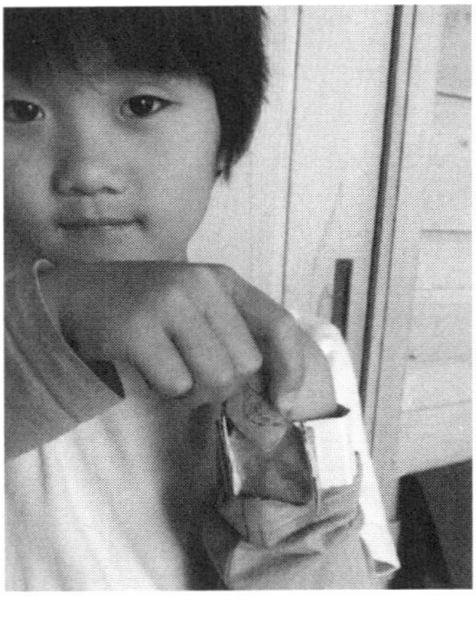

台風で休校になった日、段ボールで妖怪ウォッチを作っていたいっくん。こちらの跡を継いだのが「おかあさんが作った妖キャラ・ウォッチ」（p30）です

実りの秋
木の実や果物がおいしい季節

秋になると、近くの山々でたくさんの木の実が採れます。知り合いの方の山に栗の木が生えていて毎年栗拾いのお誘いをいただくので、たくさん拾って渋皮煮を作るのが恒例行事です。栗はイガがついた状態で木になっていて、実が落ちたらイガを外して鬼皮を剥いて渋皮を剥いて、はじめて実が現れるということを、子どもたちはいつも見ているから自然に学ぶんですよね。

渋皮煮って、ひとつひとつ鬼皮を剥いてその都度鍋を洗いながら何度も茹でこぼしてから静かに煮て……と、とてつもなく手間がかかるのだけど、子どもたちもおとうさんもパクパク食べちゃうから「ぬぉお〜これだけ手間のかかったものを〜‼」と悶絶しています。

家の裏の山にはヤマモモが大量に落ちて赤い絨毯を作ります。去年はそれを拾ってきてジャムと果実酒を作りました。山芋の子ども「むかご」もたくさん採れるので蒸かしたり揚げたりして食べます。ホクホクしてとてもおいしい。いつか『ぐりとぐら』に出てくるどんぐりの甘煮も作ってみたいし、「猫じゃらし」の愛称で親しまれるエノコログサの穂先から落ちる小さな実でポップコーンを作ってみたいなあ。

2日がかりで作る渋皮煮。そんなにありがたみなくぱくぱく食べられちゃあ、労力に見合わない！

命をいただくありがたさを知るジビエ料理

お友だちに猟友会の方がいるので、毎年猟期になると猪や鹿などのおすそわけをいただきます。何度か屠殺から血抜き、さばくところまで、やり方を教えてもらいながら参加したこともあります。もちろん子どもたちもいっしょに。猪も鹿も、それから牛や豚や鳥も、ふだん私たちが食べているお肉はすべて、こうして命をいただいているんだよ、ということを子どものころから教えておきたいと思って。それから、おかあさんである私自身、たとえなにが起こったとしても家族に食べるものを用意できる知識を身につけておかなければ、と思ったのです。２０１１年の東日本大震災を経て、さらにその思いを強くしました。

「子どもたちにとってショッキングなのでは」という意見もあるかもしれませんが、いっくんもはるちゃんも、きちんとその様子を見て理解して、感謝してお肉をいただくようになったので、参加して本当によかったなと思いました。

私は皮のなめし方も覚えて、鹿の毛皮で椅子カバーを作りました。猪の脂はハーブやアロマオイルを調合してハンドクリームに。命に感謝しつつ、余すところなく使わせていただきます。

屠殺された鹿を見つめるはるちゃん

猪のスペアリブはオーブンでグリルしてからスライスしていただきます。滋味です

前川家の歳時記
冬

みかん、雪
冬ならではの楽しみ

冬のお楽しみ、みかん。わが家は全員みかんが大好きなので、毎年箱買いしてたくさん食べます。そのあとついつい皮で遊んでしまいます。人型に剥いたり、恐竜の形に剥いたり、中身をくりぬいてジャックオーランタンやオイルランプを作ってみたり。テレビ版初代『ルパン三世』のオープニングテーマのメロディで「♪みかんみかーん」と歌ってみたり。

そして雪遊び。私たちの住んでいる地域はあまり雪が降らず、ワンシーズンに2～3回降れば多いほう。だから、ごくたまに積もるぐらいに降ったなら、子どもたちもおかあさんもテンション爆上げ。全力で遊びます。この前の冬には記録的な大雪が降ったので、かまくらは作るわ、カンテ（先端の踏切り台）のついたジャンプ台は作るわで、おおはしゃぎ。雪にしろ台風にしろ、自然のもので遊べるというのは本当にいいですよね。

夫婦ふたり時代に住んでいたのは、国道沿いの車通りの多い場所でした。この家は「子どもが外で遊べるように」との思いで、おとうさんが決めたのです。このあたりは道に迷った車ぐらいしか入ってこないし、裏山はあるしで、子どもが遊ぶにはとてもいい環境かなと思います。

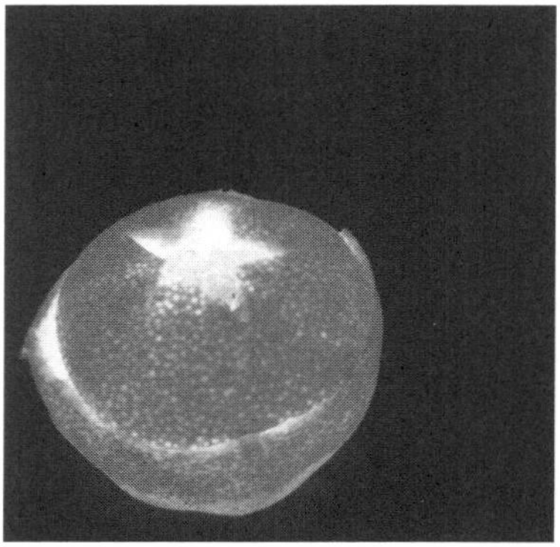

オイルを注いで皮の芯に火を灯した、
みかんのランプ

「このみかんはぜったいにわたさない！」

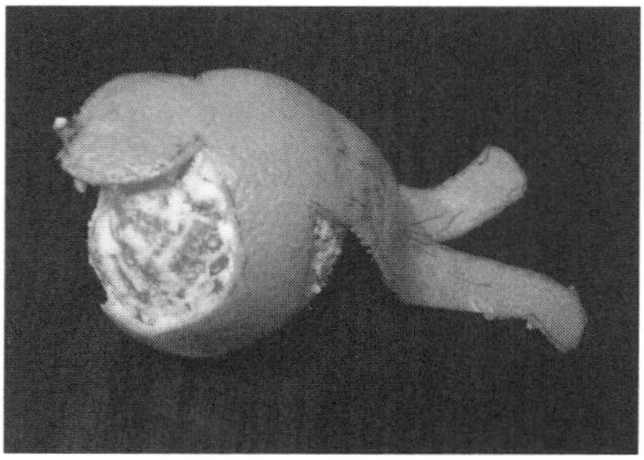

本物の炎でじんわり暖かい わが家は薪ストーブ

ずっとあこがれがあったというおとうさんが、この家に引っ越してからDIYで薪ストーブを設置しました。ストーブ本体にも煙突にも触れないように、火傷には気をつけてね、と子どもたちには口酸っぱく言っているのですが、家族のなかでいちばん火傷が多い、おっちょこちょいかあさんです。薪ストーブの火は、エアコンやファンヒーターの暖かさとはぜんぜん違って、喉が乾きすぎたりせず、身体の芯から暖まるのがとても心地よいのです。火力を利用して焼き芋や焼きおにぎりを作ったり、鍋を置いておいてじっくり煮たスープやポトフがおいしい。これも冬の楽しみのひとつです。

火を起こすときは、風が通るように薪を組んで、うまい具合に焚きつけて……と、私もときどき失敗するぐらい、むずかしいのだけれど、最近いっくんがおとうさんに教えてもらって、ちゃんとできるようになりました。今では朝の火起こしは、いっくんの担当です。この季節、おとうさんは完全に薪奴隷。拾いに行って斧で割って、大変そうです。そのうちいっくんも薪割りを覚えて手伝えるようになったら、おとうさんもだいぶ楽できるようになるかな。

薪の燃える様は美しくて、その気になれば何時間でも見入ってしまうので危険です。なにもできなくなる

ラタトゥイユに豚汁にソーセージのグリル。今日も薪ストーブの上がフル稼働です

春はもうすぐそこまで 節分&ひな祭

毎年、節分の鬼役はおかあさんがやります。ちょっと前まではおかあさんの精神が鬼に乗っ取られたという設定でリアルに恐い鬼をやっていました。いっくんがガン泣きして（笑）。豆で退治されると鬼が出ていき「ハッ……悪い夢を見ていたようだ」と正気のおかあさんに戻る。やはり『ガラスの仮面』好きとしては「わしゃ鬼婆になったんじゃあ！」の金谷さんの心持ちで（わかる人だけわかってください）本気でやります。ここ数年は鬼嫁・北斗晶とか椿鬼奴とか「鬼」縛りのコスプレでしたが、今年はいっくんに「おかあさん、そういうのもういいから」と言われてしまいました。来年はビートたけしさんの鬼瓦権造でもやろうかなあ。ドカジャン用意しなきゃ。

節分と違って、ひな祭はちゃんと季節行事っぽいことをやりますよ。蛤の潮汁に、ちらし寿司を作って、白酒のかわりに子どもたちにはカルピス、おとうさんには米のとぎ汁……ってやっぱりふざけてますね。七段飾りのお雛様を全部出すのはとても大変で、半日仕事になってしまうのですが、段飾りの裏に畳んでいない洗濯物とかを隠しておけるのでとても便利（まったくおすすめできない生活の知恵）！

ふと見たら女雛さまがこんな状態になっていてギョッ…。はるちゃんの仕業ですが、おもしろかったのでそのままにしておきました

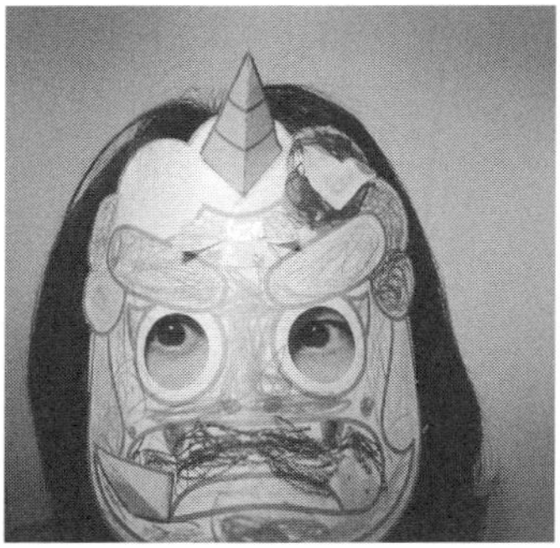

いっくんが作った鬼の面。このころはまだ普通の鬼をやってたんだっけ

巻末ふろく

いっくん・はるちゃん

二人展

ティンカーベルのかつら

彼女の妖精の粉を浴び、信じる心を
持てば誰もみな空を飛べるのである

ダイオウイカ帽

かぶるだけで巨大生物気分に。
ギョロ目感にこだわりました

昆虫図鑑

現在は国立国会図書館に所蔵
(うそです)

お雛さま

男雛さまは昭和のころの千昌夫にインスパイアされたのでしょうか。女雛さまのはにかんだ表情が初々しい

クリスマスリース

雪だるま、うさぎさん、お魚さんが
集まってにぎやかなクリスマス

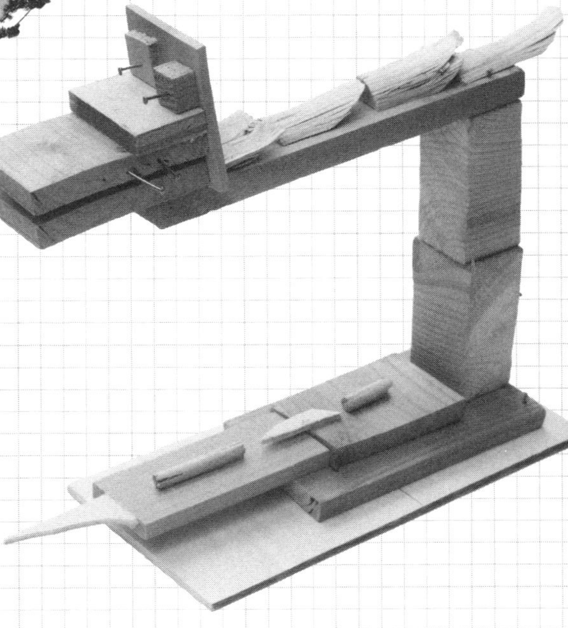

恐竜

廃材を組みあわせて作った
恐竜。背中のヒレが猛々しい

招き猫

こちらのご利益でいつでも家庭
円満・無病息災です

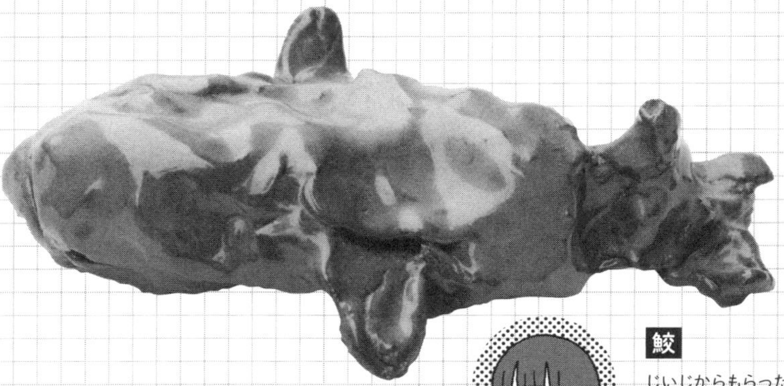

鮫

じいじからもらった萬古焼用の土で作った鮫。光のあたりかたで趣が様々に変化

芋掘りの風景

掘りたてのサツマ芋のみずみずしい生命力が表現されています

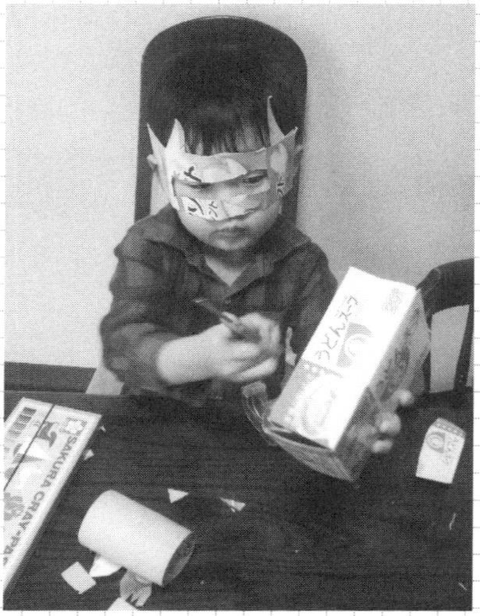

自らをアートと一体化しながら鋭意製作するいっくん氏

カラフル羊さん

色とりどりの毛糸をまとった羊さんがキュート。そのままキャラクター化できそう

あとがき

書籍化作業のメインのひとつとして、作品のピックアップと写真素材収集がまずあったのですが、「Instagramに載せていたこの写真のオリジナルか、もしくは実物を用意していただけますか？」と言われて困ることがけっこうありました。

なにしろ悪ふざけで作っているものばかりなので、写真といってもガラケーのカメラで撮影した写メや、Ｗｅｂ用の解像度に落としてしまった画像しか残っていないものが少なくなかったのです。

モノ自体も「作った」ことで私自身はわりと満足してしまっているところがあって、友人にあげてしまったり、子どもたちが愛用しすぎてヨレヨレになってしまっていたり。どうやら私はクリエイションの部分とそれを見せた相手の反応が楽しみなのであって、創作物そのものにはあまり執着がなかったんだな、と気がつきました。

だから、本来なら残らなかったであろう私の「作品」たちを1冊にまとめることができたこの本は、すごく大きな宝物だと思います。子どもたちが成長したあとも「こういうの作って遊んでたんだよ」と見せてあげられるのってステキ。私が作ったものを目にとめ、声をかけてくださった佐野さんに本当に感謝しています。

そして二見書房の千田さん、たくさんサポートしていただき、本当にありがとうございます。ここまで好き勝手に思う存分できたのは、千田さんのおかげにほかなりません。

最後に、私のものづくりの原動力になっている家族と、そして読者のみなさまに、特大の感謝をこめて。

前川さなえ

前川さなえ

三重県在住のイラストレーター。
ライブドアブログで日々更新中の『ぷにんぷ妊婦 育児編』が大人気。
著作に『5歳だって女。』(KADOKAWA)、『ぷにんぷにんぷ』(幻冬舎)、『ぷにんぷかあさん 今日も育児日和』(マイナビ)

『ぷにんぷ妊婦 育児編』
http://puninpu.com/

ハンドメイドブログ『クリママ！?CreativeMama?』
http://cremama.site

作品を販売中!!『ぷにんぷさなハンドメイドショップ』
http://puninpu.handcrafted.jp/

ツイッター @puninpu

LINEで『ぷにんぷ妊婦 育児編』の最新情報をGET!

ハンドメイドで楽《たの》しい毎日《まいにち》！
わるのりてづくり

著者　前川《まえかわ》さなえ

発行　株式会社二見書房
東京都千代田区三崎町2-18-11
電話　03(3515)2311［営業］
03(3515)2313［編集］
振替　00170-4-2639

企画・編集　佐野華英(タンブリング・ダイス)

撮影　林 成光／前川さなえ／前川正樹

印刷　株式会社 堀内印刷所

製本　株式会社 村上製本所

落丁・乱丁本はお取り替えいたします。定価はカバーに表示してあります。

ISBN978-4-576-16210-2
http://www.futami.co.jp